I0869219

Dresdner Beiträge zur Hethitologie

Herausgegeben von
Johann Tischler

Band 31

2010
Harrassowitz Verlag · Wiesbaden

Detlev Groddek

Hethitische Texte in Transkription KBo 54

2010
Harrassowitz Verlag · Wiesbaden

Die Abbildung auf der Umschlagrückseite bietet eine Nachzeichnung des hieroglyphenluwischen Siegels ZN 1769 der Skulpturensammlung, Staatliche Kunstsammlungen Dresden.

Bibliografische Information der Deutschen Nationalbibliothek
Die Deutsche Nationalbibliothek verzeichnet diese Publikation in der Deutschen Nationalbibliografie; detaillierte bibliografische Daten sind im Internet über http://dnb.d-nb.de abrufbar.

Bibliographic information published by the Deutsche Nationalbibliothek
The Deutsche Nationalbibliothek lists this publication in the Deutsche Nationalbibliografie; detailed bibliographic data are available in the internet at http://dnb.d-nb.de.

Informationen zum Verlagsprogramm finden Sie unter
http://www.harrassowitz-verlag.de

Gedruckt auf alterungsbeständigem Papier.
Druck und Verarbeitung: Hubert & Co., Göttingen
Printed in Germany

ISSN 1619-0874
ISBN 978-3-447-06144-5

INHALT

Einleitung XV

Transkriptionen:

Nummer 1 (156/v) 1
Nummer 2 (27/v) 1
Nummer 3 (1967/u + Bo 2800 + 402/u + 1394/u + 556/v) 2
Nummer 4 (76/v) 3
Nummer 5 (114/v) 3
Nummer 6 (1858/u) 5
Nummer 7 (1961/u) 6
Nummer 8 (151/v) 6
Nummer 9 (1871/u) 7
Nummer 10 (1914/u) 7
Nummer 11 (1977/u) 8
Nummer 12 (26/v) 8
Nummer 13 (174/v) 9
Nummer 14 (691/z) 10
Nummer 15 (761/z) 11
Nummer 16 (1970/u) 11
Nummer 17 (225/v) 13
Nummer 18 (215/v) 14
Nummer 19 (218/v) 15
Nummer 20 (127/v) 16
Nummer 21 (1823/u) 17
Nummer 22 (90/v) 17
Nummer 23 (143/v) 18
Nummer 24 (1918/u) 18
Nummer 25 (1921/u) 19
Nummer 26 (1930/u) 19
Nummer 27 (1931/u) 20
Nummer 28 (1932/u) 20
Nummer 29 (1937/u) 21
Nummer 30 (1938/u) 21
Nummer 31 (1940/u) 21
Nummer 32 (1957/u) 22
Nummer 33 (1980/u) 22
Nummer 34 (14/v) 23

Nummer 35 (25/v) 23
Nummer 36 (32/v) 24
Nummer 37 (35/v) 25
Nummer 38 (39/v) 26
Nummer 39 (42/v) 26
Nummer 40 (44/v) 27
Nummer 41 (54/v) 27
Nummer 42 (56/v) 27
Nummer 43 (67/v) 28
Nummer 44 (73/v) 29
Nummer 45 (75/v) 29
Nummer 46 (79/v) 30
Nummer 47 (94/v) 30
Nummer 48 (103/v) 30
Nummer 49 (104/v) 31
Nummer 50 (105/v) 32
Nummer 51 (128/v) 32
Nummer 52 (130/v) 33
Nummer 53 (131/v) 34
Nummer 54 (140/v) 34
Nummer 55 (141/v) 35
Nummer 56 (150/v) 35
Nummer 57 (153/v) 36
Nummer 58 (161/v) 36
Nummer 59 (162/v) 37
Nummer 60 (172/v) 37
Nummer 61 (173/v) 37
Nummer 62 (183/v) 38
Nummer 63 (193/v) 38
Nummer 64 (210/v) 39
Nummer 65 (229/v) 39
Nummer 66 (234/v) 40
Nummer 67 (259/v) 40
Nummer 68 (1988/u) 40
Nummer 69 (1821/u) 41
Nummer 70 (71/v) 43
Nummer 71 (1864/u + Bo 2457) 44
Nummer 72 (50/v) 44
Nummer 73 (1873/u + 902/v) 45

Nummer 74 (1869/u) ... 46
Nummer 75 (1857/u) ... 46
Nummer 76 (1919/u) ... 47
Nummer 77 (118/v) ... 48
Nummer 78 (119/v) ... 48
Nummer 79 (1933/u) ... 49
Nummer 80 (1939/u) ... 50
Nummer 81 (58/v) ... 50
Nummer 82 (117/v) ... 50
Nummer 83 (169/v) ... 51
Nummer 84 (251/v) ... 52
Nummer 85a (247/v) ... 52
Nummer 85b (360/v) ... 54
Nummer 86 (1830/u) ... 55
Nummer 87 (1851/u) ... 55
Nummer 88 (1936/u) ... 56
Nummer 89 (95/v) ... 56
Nummer 90 (96/v) ... 56
Nummer 91 (108/v) ... 57
Nummer 92 (137/v) ... 57
Nummer 93 (166/v) ... 58
Nummer 94 (185/v) ... 58
Nummer 95 (196/v) ... 59
Nummer 96 (214/v) ... 59
Nummer 97 (219/v) ... 60
Nummer 98 (252/v) ... 61
Nummer 99 (7/v + Bo 2651) ... 61
Nummer 100 (10/v) ... 62
Nummer 101 (1941/u) ... 63
Nummer 102 (1862/u) ... 63
Nummer 103 (1870/u) ... 64
Nummer 104 (1949/u) ... 64
Nummer 105 (188/v) ... 66
Nummer 106 (4/v) ... 66
Nummer 107 (1822/u) ... 68
Nummer 108 (1867/u) ... 68
Nummer 109 (1868/u) ... 69
Nummer 110 (1943/u) ... 69
Nummer 111 (1944/u) ... 71

Nummer 112 (84/v) 72
Nummer 113 (87/v) 73
Nummer 114 (362/v) 73
Nummer 115 (1865/u) 74
Nummer 116 (43/v) 74
Nummer 117 (316/v + Bo 2372) 74
Nummer 118 (1982/u) 75
Nummer 119 (1959/u) 76
Nummer 120 (238/v) 76
Nummer 121 (145/v) 77
Nummer 122 (224/v + 365/v + Bo 2575 + Bo 3810) 78
Nummer 123 (1112/v + 917/u + 1524/u + Bo 2794 + Bo 6944) 81
Nummer 124 (1061/u) 85
Nummer 125 (Bo 871 + 228/v (+) 961/v (+) 368/v) 86
Nummer 126 (Bo 69/434 (+) Bo 2819 (+) 283/v) 88
Nummer 127 (642/z) 89
Nummer 128 (82/v) 90
Nummer 129 (221/v) 91
Nummer 130 (1876/u) 91
Nummer 131 (1975/u (+) 952/v) 92
Nummer 132a (152/v) 93
Nummer 132b (Bo 69/368) 94
Nummer 133 (1861/u) 94
Nummer 134 (1981/u + 1178/v + Bo 2965 + Bo 2701) 95
Nummer 135 (852/v) 97
Nummer 136 (146/v) 97
Nummer 137 (1958/u) 98
Nummer 138 (91/v) 98
Nummer 139 (99/v) 99
Nummer 140 (163/v) 100
Nummer 141 (211/v) 100
Nummer 142 (213/v) 101
Nummer 143 (245/v + 272/v) 101
Nummer 144 (1848/u) 103
Nummer 145 (860/z) 103
Nummer 146 (217/v) 104
Nummer 147 (1954/u + Bo 918) 105
Nummer 148 (1976/u) 105
Nummer 149 (53/v) 106

Nummer 150 (147/v) ... 106
Nummer 151 (1825/u) ... 108
Nummer 152 (1826/u) ... 108
Nummer 153 (1831/u) ... 109
Nummer 154 (1849/u) ... 109
Nummer 155 (1860/u) ... 110
Nummer 156 (1874/u) ... 110
Nummer 157 (1880/u) ... 111
Nummer 158 (1915/u) ... 112
Nummer 159 (1924/u) ... 112
Nummer 160 (1927/u) ... 113
Nummer 161 (1935/u) ... 113
Nummer 162 (1950/u) ... 114
Nummer 163 (1951/u) ... 114
Nummer 164 (1953/u) ... 116
Nummer 165 (1955/u) ... 116
Nummer 166 (1962/u) ... 117
Nummer 167 (1965/u) ... 118
Nummer 168 (1969/u) ... 118
Nummer 169 (1971/u) ... 118
Nummer 170 (1973/u) ... 119
Nummer 171 (1983/u) ... 120
Nummer 172 (1987/u) ... 120
Nummer 173 (1990/u) ... 120
Nummer 174 (21/v) ... 121
Nummer 175 (23/v) ... 121
Nummer 176 (34/v) ... 122
Nummer 177 (40/v) ... 122
Nummer 178 (41/v) ... 123
Nummer 179 (45/v) ... 123
Nummer 180 (48/v) ... 123
Nummer 181 (57/v) ... 124
Nummer 182 (59/v) ... 124
Nummer 183 (61/v) ... 125
Nummer 184 (66/v) ... 126
Nummer 185 (68/v) ... 127
Nummer 186 (69/v) ... 127
Nummer 187 (70/v) ... 128
Nummer 188 (78/v) ... 128

Nummer 189 (80/v) 129
Nummer 190 (81/v) 129
Nummer 191 (83/v) 130
Nummer 192 (86/v) 130
Nummer 193 (88/v) 131
Nummer 194 (97/v) 131
Nummer 195 (102/v) 132
Nummer 196 (107/v) 132
Nummer 197 (112/v) 133
Nummer 198 (116/v) 133
Nummer 199 (120/v) 134
Nummer 200 (129/v) 134
Nummer 201 (160/v) 135
Nummer 202 (177/v) 135
Nummer 203 (187/v) 136
Nummer 204 (190/v) 136
Nummer 205 (201/v) 137
Nummer 206 (207/v) 137
Nummer 207 (209/v) 138
Nummer 208 (220/v) 139
Nummer 209 (230/v) 139
Nummer 210 (244/v) 139
Nummer 211 (248/v) 140
Nummer 212 (250/v) 141
Nummer 213 (256/v) 141
Nummer 214 (341/v) 142
Nummer 215 (346/v) 142
Nummer 216 (49/v) 143
Nummer 217 (222/v) 143
Nummer 218 (55/v) 144
Nummer 219 (597/v + Bo 2592 + Bo 4379 + Bo 8616) 144
Nummer 220 (1866/u) 145
Nummer 221 (51/v) 146
Nummer 222 (1934/u) 147
Nummer 223 (Bo 68/62 + Bo 3840 + Bo 4110) 147
Nummer 224 (178/v) 148
Nummer 225 (227/v) 148
Nummer 226 (30/v) 149
Nummer 227 (92/v) 149

Nummer 228 (1923/u) 150
Nummer 229 (212/v) 150
Nummer 230 (1966/u) 151
Nummer 231 (1917/u) 151
Nummer 232 (1946/u) 152
Nummer 233 (1991/u) 152
Nummer 234 (63/v) 153
Nummer 235 (189/v) 153
Nummer 236 (199/v) 154
Nummer 237 (239/v) 154
Nummer 238 (254/v) 155
Nummer 239 (253/v) 155
Nummer 240 (13/v) 156
Nummer 241 (18/v) 157
Nummer 242 (1828/u) 157
Nummer 243 (1850/u) 158
Nummer 244 (1853/u) 158
Nummer 245 (1859/u) 158
Nummer 246 (1863/u) 159
Nummer 247 (1875/u) 159
Nummer 248 (1911/u) 160
Nummer 249 (1922/u) 160
Nummer 250 (1928/u) 161
Nummer 251 (1929/u) 161
Nummer 252 (1942/u) 161
Nummer 253 (1948/u) 162
Nummer 254 (1952/u) 163
Nummer 255 (1963/u) 163
Nummer 256 (1972/u) 163
Nummer 257 (1974/u) 164
Nummer 258 (12/v) 164
Nummer 259 (15/v) 165
Nummer 260 (16/v) 165
Nummer 261 (20/v) 166
Nummer 262 (22/v) 166
Nummer 263 (31/v) 167
Nummer 264 (36/v) 167
Nummer 265 (37/v) 168
Nummer 266 (47/v) 168

Nummer 267 (52/v) ... 168
Nummer 268 (62/v) ... 169
Nummer 269 (77/v) ... 169
Nummer 270 (85/v) ... 170
Nummer 271 (100/v) ... 170
Nummer 272 (101/v) ... 171
Nummer 273 (109/v) ... 171
Nummer 274 (110/v) ... 171
Nummer 275 (111/v) ... 172
Nummer 276 (113/v) ... 172
Nummer 277 (123/v) ... 173
Nummer 278 (126/v) ... 173
Nummer 279 (132/v) ... 174
Nummer 280 (134/v) ... 174
Nummer 281 (135/v) ... 175
Nummer 282 (136/v) ... 175
Nummer 283 (138/v) ... 176
Nummer 284 (149/v) ... 176
Nummer 285 (158/v) ... 177
Nummer 286 (159/v) ... 177
Nummer 287 (164/v) ... 177
Nummer 288 (167/v) ... 178
Nummer 289 (168/v) ... 178
Nummer 290 (180/v) ... 179
Nummer 291 (182/v) ... 180
Nummer 292 (184/v) ... 180
Nummer 293 (200/v) ... 181
Nummer 294 (205/v) ... 181
Nummer 295 (208/v) ... 182
Nummer 296 (226/v) ... 182
Nummer 297 (231/v) ... 183
Nummer 298 (232/v) ... 183
Nummer 299 (235/v) ... 184
Nummer 300 (241/v) ... 184
Nummer 301 (242/v) ... 184
Nummer 302 (246/v) ... 185
Nummer 303 (255/v) ... 185
Nummer 304 (258/v) ... 186

Götternamen ... 187
Personennamen ... 190
Ortsnamen (und Ethnika) ... 190
Bergnamen ... 192
Gewässernamen ... 192
Konträrindex der Anschlußstücke, Duplikate sowie zur Ergänzung etc. herangezogenen Textstücke ... 193

EINLEITUNG

Zu Anlage und Zielsetzung des vorliegenden Bandes, eines Transkriptes von D. Groddek, Keilschrifttexte aus Boghazköi Vierundfünfzigstes Heft (Texte aus dem Bezirk des Großen Tempels, VI), Berlin 2006, sei auf die Einleitung des Vorgängers DBH 2, p. IX-XI, verwiesen. Die Abkürzungen der herangezogenen Literatur erfolgen in Anlehnung an das Abkürzungsverzeichnis der FS Košak (= DBH 25), p. XIX-XLVIII. An zusätzlichen (bzw. abweichenden) Abkürzungen finden Verwendung:

ABoT 2	Akdoğan, Rukiye/Soysal, Oğuz, Ankara Arkeoloji Müzesinde Bulunan Tabletleri 2, Chicago 2010 [im Druck] [Transkription in DBH 31, im Druck]
AMMY	Anadolu Medeniyetleri Müzesi Yıllığı (Ankara) 1986 (1987)ff.
ArchAn	Archivum Anatolicum/Anadolu Arşivleri (Ankara) Bd. 1ff. (1995ff.)
ChS I/8	Trémouille, Marie-Claude, Texte verschiedenen Inhalts, Roma 2005
CM 21	Hazenbos, Joost, The Organization of the Anatolian Local Cults during the Thirteenth Century B.C. An Appraisal of the Hittite Cult Inventories, Leiden/Boston 2003
CoS	Hallo, William W. (Ed.), The Context of Scripture, 3 Bde, Leiden u.a. 1997-2002
DBH 4	Groddek, Detlev, Hethitische Texte in Transkription KUB 55, Dresden 2002
DBH 11	Groddek, Detlev, Hethitische Texte in Transkription KBo 39, Dresden 2004
DBH 18	García Trabazo, José Virgilio/Groddek, Detlev, Hethitische Texte in Transkription KUB 58, Wiesbaden 2005
DBH 22	Roszkowska-Mutschler, Hanna, Hethitische Texte in Transkription KBo 44, Wiesbaden 2007
DBH 23	Groddek, Detlev, Hethitische Texte in Transkription IBoT 4, Wiesbaden 2007

DBH 24	Groddek, Detlev, Hethitische Texte in Transkription KBo 22, Wiesbaden 2008
DBH 27	Taracha, Piotr, Religions of Second Millennium Anatolia, Wiesbaden 2009
DBH 30	Groddek, Detlev, Hethitische Texte in Transkription KUB 2, Wiesbaden 2009
DBH 31	Akdoğan, Rukiye, Hethitische Texte in Transkription ABoT 2, Wiesbaden 2009 [im Druck]
Diss.	Dissertation: • Berman, Howard, The Stem Formation of Hittite Nouns and Adjectives, Diss. Chicago 1972 • Sakuma, Yasuhiko, Hethitische Vogelorakeltexte, 2 Bde, Diss. Würzburg 2009 [Publikation in StBoT in Vorbereitung]
Eothen 16	Strobel, Karl (Ed.), New Perspectives on the Historical Geography and Topography of Anatolia in the II and I Millenium B.C., Firenze 2008
FHG	Laroche, Emmanuel, Fragments hittites de Genève, in: RA 45 (1951), p. 131-138.184-194, RA 46 (1952), p. 42-50
FHL	Durand, J.-M./Laroche, E., Fragments hittites du Louvre, in: Mém. Atatürk, 73-107
FS Dinçol	Alparslan, Metin/Doğan-Alparaslan, Meltem/Peker, Hasan (Edd.), Belkıs Dinçol ve Ali Dinçol'a Armağan. Vita. Festschrift in Honor of Belkıs Dinçol and Ali Dinçol, İstanbul 2007
HFAC	Beckman, Gary/Hoffner, Harry A. Jr., Hittite Fragments in American Collections, New Haven 1986 (=Texts from the Babylonian Collection 2)
HPMM 6	Fuscagni, Francesco, Hethitische unveröffentlichte Texte aus den Jahren 1906-1912 in der Sekundärliteratur, Wiesbaden 2007 (=HPMM 6)
Hymnes	Lebrun, René, Hymnes et prières hittites, Louvain-la-Neuve 1980 (=Homo religiosus 4)

IJDL Supplement 1	Groddek, Detlev, Eine althethitische Tafel des KI.LAM-Festes, München 2004
Kadmos	Kadmos. Zeitschrift für vor- und frühgriechische Epigraphik (Berlin) Bd. 1ff. (1962 ff.)
KBo 37	Otten, Heinrich/Rüster, Christel, Hattische Texte, Berlin 1996
KBo 48	Otten, Heinrich/Rüster, Christel/Wilhelm, Gernot, Texte aus der Unterstadt, Texte ohne Herkunftsangabe und Texte aus der Oberstadt, Berlin 2007
KBo 51	Trémouille, Marie-Claude, Texte aus dem Bezirk des Großen Tempels, III, Berlin 2009
KBo 57	Miller, Jared L., Texte aus dem Bezirk des Großen Tempels VIII, Berlin 2007
KBo 58	Miller, Jared L., Texte aus dem Bezirk des Großen Tempels IX, Berlin 2008
KBo 60	Miller, Jared L., Texte aus dem Bezirk des Großen Tempels XI, Berlin 2009
KN	Haas, Volkert, Der Kult von Nerik. Ein Beitrag zur hethitischen Religionsgeschichte, Roma 1970 (=Studia Pohl 4)
Konkordanz 1.6	Košak, Silvin, Konkordanz der hethitischen Texte, Aktuell (06.10.2009) Version 1.6, sub www.hethiter.net
Magic	Ciraolo, Leda/Seidel, Jonathan (Edd.), Magic and Divination in the Ancient World, Leiden/Boston/Köln 2002 (=Ancient Magic and Divination 2)
PIHANS 111	Dercksen, J.G. (Ed.), Anatolia and the Jazira during the Old Assyrian Period, Leiden 2008
Stammbildung	= DBH 7
StBoT 15	Otten, Heinrich, Materialien zum hethitischen Lexikon, Wiesbaden 1971
StBoT 50	Popko, Maciej, Arinna. Eine heilige Stadt der Hethiter, Wiesbaden 2009
StudAs 5	Pecchioli Daddi, Franca/Torri, Giulia/Corti, Carlo (Edd.), Central-North Anatolia in the Hittite Period. New Perspectives in Light of

Recent Research. Acts of the International Conference Held at the University of Florence (7-9 February 2007), Roma 2009

Abschließend bleibt all denen zu danken, deren Hilfe zur Erstellung des vorliegenden Bandes Wesentliches beigetragen hat. Allen voran sei Yasuhiko Sakuma bedankt, der nicht nur das Manuskript seiner noch unveröffentlichten Dissertation und eines Aufsatzes, dessen Publikation in AoF in Aussicht steht, freundlichst bereitgestellt hat, sondern darüber hinaus stets bereit war, Orakeltexte zu diskutieren und manchen wohlbegründeten Vorschlag zur Ergänzung dieser schwierigen Texte beigetragen hat. Dann richtet sich der Dank an C. Corti, der seinen wichtigen Beitrag aus StudAs 5 bereits vor Erscheinen zugänglich machte. Besonderer Dank gilt schließlich R. Akdoğan, die das Manuskript von DBH 31 (Transkript von ABoT 2) zur Verfügung stellte, so daß es möglich wurde, die bereits aus der Konkordanz bekannten Texte statt mit Museumsnummer bereits nach der Publikationsnummer in ABoT 2 zu zitieren, das im Frühjahr 2010 erscheinen soll. Für die jeweiligen Texte selbst sei auf diese zwei Publikationen ABoT 2 und DBH 31 verwiesen. Schließlich sei noch S. Košak bedankt, der mit seiner *Konkordanz* (HPMM 1-5 bzw. On-line-Version [aktuell 1.6] sub www.hethiter.net) ein Arbeitswerkzeug geschaffen hat, dem auch der vorliegende Band mehr verdankt, als durch gelegentliche Zitationen zum Ausdruck kommt und das bei jeder Textnummer parallel heranzuziehen ist, darüber hinaus einige neue Joinvorschläge bereitwilligst an den Tafelphotos der Mainzer Arbeitsstelle überprüfte. Bezüglich der Literatur zu den Anschlußstücken der in KBo 54 edierten Texte sei neben der *Konkordanz* noch auf *Groddeks Liste der Sekundärliteratur zu Textstellen aus Boğazköy* [aktuell 0.2], ebenfalls sub www.hethiter.net, verwiesen, wo sich auch ein umfängliches der FS Košak kompatibles Verzeichnis der Abkürzungen der Sekundärliteratur anfindet.

Nummer 1 (156/v)

CTH: 310 (?)
Datierung: jh.
Anschlüsse: -
Duplikate: -[1]
Bearbeitung: A. Archi, AoF 34 (2007), p. 193; G. Torri, AoF 36 (2009), p. 111 Anm. 4[2]

Rs. r.Kol.[3]

x+1 ^{DINGIR}UTU-x[
2' ⸢uk-tu-u⸣-[ri(-)
3' pé-eš-ši-i̯[a-

4' [ḫ̮]a[-a]n-te-⸢ez⸣-z[i-
5' [GI]Š-ru kar-aš-ká[n-du
6' az-zi-i[k-ká]n-du [
7' GIŠ-ru iš-⸢kal-la⸣-an-n[i-
8' na-pa ^{GIŠ}⸢GIŠIMMAR⸣-aš mi-lu[-
9' a-da-an -du [ ]

10' EGIR-⸢ez⸣-zi-iš-ma ÉRIN^{MEŠ}-az [
11' pát-ti-iš-ki-id-du ⸢ta⸣-za [
12' [ ]x-x-du ^{GIŠ}GIŠIMM[AR
13' [ ]x[

Nummer 2 (27/v)

CTH: 341
Datierung: jh.
Anschlüsse: -
Duplikate: -
Bearbeitung: O. Soysal, NABU 2004/1, p. 9-10 (Nr. 10); O. Soysal, NABU 2004/3, p. 65 (Nr. 64); A. Archi, AoF 34 (2007), p. 187; M. Nakamura, FS Košak, p. 557; 5' O. Soysal, NABU 2007/1, p. 7 (Nr. 6)

x+1 [ ]x ⸢a-ru⸣-n[a-
2' [ ]x-⸢ra⸣-an-kán *Ú-UL* x[

---

1 Zu. Rs. r.Kol. 5'-6' vgl. KBo 22.6 IV 17'-19', vgl. die Umschrift bei D. Groddek, DBH 24, p. 18.

2 Bei der Aufzählung der Texte zu CTH 310 bei A. Archi, AoF 34 (2007), p. 193, ist KBo 26.6 in KBo 22.6 zu korrigieren.

3 Lk.Kol., soweit erhalten, unbeschrieben.

3’ [^{MUNUS}K]ÚRUN.NA EGIR-pa *IQ-BI* x[
4’ [ ]-⸢ši⸣ KASKAL-an-u̯a ku-in x[
5’ [^{m}]⸢Ú-da⸣-na-pí-iš-t[a
6’ [ ] ⸢ar⸣-ḫa [
7’ [ ]x[

Nummer 3 (1967/u + Bo 2800 + 402/u + 1394/u + 556/v)

CTH: 345, 3. Tafel
Datierung: jh.
Anschlüsse: + KBo 26.65 + KBo 26.118 + KUB 33.106 (+) KBo 26.96[4]
Duplikate: KUB 36.15; KUB 33.101+ KBo 26.69; KUB 33.107 + KUB 36.17; KBo 26.67; KBo 26.68
Bearbeitung: IV 23-45 D. Groddek, FS Košak, p. 313-317[5]

Rs. IV

29’ [^{DINGIR}]⸢Ul⸣-lu-kum-mi-iš *A*[*-NA* ^{DINGIR}U] ⸢EGIR⸣-pa me-mi-iš-ki-u-an da-a-i[š] LÚ-ni-li n[am-m]a {Ras.}

30’ [u̯a-al-ḫa-a]n-⸢ni-iš-ki⸣ [nu-za ZI-aš-ša-aš] ⸢e⸣-eš-ša ^{DINGIR}*É-A*-aš ⸢GALGA⸣-[aš] LUGAL-uš tu-⸢e-da⸣-za ar[-ta-ri]

31’ [ ]x x x[-i̯]a ar-ḫa da-a[-iš n]a-at ḪUR.SA[G]^{MEŠ}-aš

32’ [ḫu-m]a(?)-an-da-aš x[na-at-ká]n pa-a-an-du KUR-⸢e⸣ an-da ša-⸢ra⸣-a-az-z[i-in(?)]

33’ [ ]x-x-ri UR.S[AG- ḫal-z]e-⸢eš-ša⸣-an-du ⸢^{UZU}⸣NÍG.GIG-ma-mu ^{UZU}ḫa-a[ḫ-ri-i̯a]

34’ [ku]-⸢e⸣ ša-ra-a ḫu-u-x[n]a-at-⸢kán⸣ pa-a-an-⸢du⸣ KUR-e an-da x[ ]x[

35’ [ḫal-z]e-eš-ša-an-du ^{U}[^{ZU}...-ma-m]u ^{UZU}ÉLLAG.G[ÙN.A-i̯]a ku-⸢i⸣-e-eš ša-ra-a [ ]x x-i̯a-⸢at⸣

36’ [n]a-at-kán pa-a-an-⸢du⸣ K[UR-e an-da]x-⸢in⸣ ḫal-ze-eš-⸢ša-an⸣-du

---

37’ [^{N}]^{A_4}ku-un-ku-nu-zi-i[š *A-NA* ^{DINGIR}U EGIR-pa me-mi]-⸢iš⸣-ki-u-an da-⸢a⸣-iš ka-ru-u̯a-mu

38’ ku-it ḫar-ni-ik-t[a ku-i]t-ki da-a-i ⸢nu⸣-u̯a-

---

4 Die genaue Position dieses Fragmentes in der Tafel ist nicht näher bestimmbar, in der Joinskizze bei S. Košak, Konkordanz 1.6, sub 912/u, ist es nicht eingezeichnet.

5 Literatur zur Tafel insgesamt bei S. Košak, Konkordanz 1.6, sub 912/u.

aš-ši-kán ku-it *ŠUM*-an

39’ te-eḫ-ḫi pa-a-an-du [ ] ⌜^{NA_4}ŠU⌝.U-[z]i[-i]n

40’ ḫal-ze-eš-ša-an-d[u pa-a-an-du ḫal]-⌜ze⌝-eš-ša-⌜an⌝-du

41’ nu-za-kán *I-NA* x[ ]x nu-za UR.⌜SAG⌝-iš

42’ ku-it e-eš-x[ ]x x[ ]x-ti-uš-ša

43’ nu-ut-ták-kán [-z]i-in

44’ [n]u-uš-ma-aš x[ ]

45’ [ ]x-an ⌜šar⌝-[ ]

Nummer 4 (76/v)

CTH: 346.II
Datierung: jh.
Anschlüsse: -
Duplikate: -
Bearbeitung: M. Salvini/I. Wegner, ChS I/6, p. 51 (Nr. 18); M. Salvini, SMEA 18 (1977), p. 76; M. Nakamura, FS Košak, p. 558

x+1 [ ]x x[

2” [ ] [

3”[6] [ ]x ⌜a⌝-ni-ni-e ki[-

4” [ ]x-ma qa-ti-a[7] up-š[i-

5” [da-l]a-⌜a⌝-ṷu$_u$-ši ib-ri [

6” [ ]-⌜li⌝-li x[

7” [^{D}]^{INGIR}IM-ub-⌜ṷe$_e$[8]⌝-x[

8” [ ]x x x[

Nummer 5 (114/v)

CTH: 370
Datierung: jh.

---

6 In ChS I/6, p. 51, ist Z. 3” als Z. x+1 gezählt, Zz. x+1-2” fehlen.

7 ĮA statt A in ChS I/6, p. 51, ist Versehen.

8 Oder ṶU$_Ú$ (so ChS I/6, p 51)?

Anschlüsse: -
Duplikate: -
Bearbeitung: M. Salvini/I. Wegner, ChS I/6, p. 75-76 (Nr. 53); M. Salvini, SMEA 18 (1977), p. 76; Vs. 7' KBo 52, p. XI (sub Nr. 224)

Vs.

x+1 [ ]x-⸢an-na-aš⸣
2' [ ]x-u-um
3' [-ḫ]a-an
4' [ ]x-⸢ru⸣-u-um ⸢a⸣-ṷe$_{e}$-i̯a-ša
5' [ ] šu-u-ni-i̯a-ša
6' [-š]a DINGIR^{MEŠ}-na-a-ša

7' [-]ta-al a-⸢lu⸣-ma-i qa-ti-i̯a
8' [ ]x(-)aš-ka-ab-ṷa$_{a}$
9' [ ]x-ḫa ú-úr-ḫa-a-ab
10' [ ]x-ú-mi-i-ḫa
11' [ ]x-li-ma
12' [ ]x-ka-a
13' [ ]x

Rs.

x+1 [ ]x x x-⸢ša⸣
2' [-e]n-na
3' [-]ši-ib-ṷu$_{ú}^{!}$-i
4' [-ṷ]a$_{a}$
5' [ ] ⸢ki⸣-x[ ]x
6' [-ṷ]a$_{a}$-⸢al⸣ [(-)
7' [-ṷ]a$_{a}$-ḫu[(-) -n]i-gaz-za
8' [ ]-⸢ul⸣-lu-x[-t]a
9' [ ]x

10' [-ṷ]a$_{a}$-m[a(-)
11' [ ]x [
12' [ ]x x

Nummer 6 (1858/u)

CTH: CTH 378.I
Datierung: jh.
Anschlüsse: + KUB 14.14[9] + KUB 19.1 + KUB 19.2 + KBo 3.47 + Bo 9433 + KBo 58.8 + KBo 50.184 + KBo 53.303 + Bo 4229
Duplikate: KBo 51.19[10] + 970/v + KUB 23.3
Bearbeitung: R. Lebrun, Hymnes, p. 193ff.; I. Singer, Prayers, p. 61-64[11]

Rs.[12]

33 šar-n[i-i]k-ze-el-la šar-ni-⸢in⸣-[k]e-eš-ki-mi nu-mu DINGIR^{MEŠ} *BE-LU*$^{⸢MEŠ}$-*I̯A*⸣ gi-in-zu {Ras.} nam-ma

34 da-at-té[n n]u-⸢uš-ma⸣ <-aš>-kán u-u̯a-aḫ-ḫa-ru nu KUR ^{URU}*ḪAT-TI* ku-it ḫi-in-ga-⸢na⸣-za dam-me-iš-ḫa-a-it

35 na-at [te-]pa-u-i-eš-ta nu šu-ma-a-aš *A-NA* DINGIR^{MEŠ} EN^{MEŠ}[13]-*I̯A* ^{NINDA}⸢ḫar⸣-ši-in ^{DUG}iš-pa-an-du-uz-zi-i̯[a]

36 ku-e-eš [e-e]š-šir na-aš ḫi-in-ga-na-az me-ek-ki ta-ma-aš-ta na-at ḫi-in-ga-na-az

37 [t]e-p[a-u-i-e]š-ta an-da-at BE-an-za-ma EGIR-an ar-ḫa *Ú-UL*-pát da-a-i nu ak-ki-iš-ki-x[

38 [ ]x ku-e-eš $^{LÚ.MEŠ}$ḫar-ši-i̯a-la-aš[14] $^{LÚ.MEŠ}$iš-pa-an-tu-uz-zi-i̯a-la-aš-ša te-pa-u-e-eš[-še-er]

39 x[15] [ ] na-at ma-a-an ar-ḫa ḫar[16]-kán-zi nu-uš-ma-aš nam-ma NINDA. GUR$_4$. RA
iš-pa-an-tu-u[z-zi-i̯a]

40 ⸢*Ú*⸣-[*UL*] ku-iš-ki ku-it-ki pa-a-i [ ]

---

9 KBo 54, p. IV, sub Nr. 6, zu KUB 14.4 verschrieben.

10 Die Zuordnung von KBo 51.19 als Duplikat zu KUB 14.13 I 1-2 in KBo 51, p. IV, sub Nr. 19, wiewohl an und für sich naheliegend, bestätigt sich nicht (vergleichsweise unspezifischer Textanfang); der Text dupliziert vielmehr KUB 14.14 +, Vs. 1-2. Die Rs. x+1-4' dupliziert eindeutig KUB 14.14 +, Rs. 48-51, auf der Vs. ergibt KBo 51.19 einen direkten Anschluß an 970/v + KUB 23.3, wodurch auch hier eindeutig geklärt ist, daß KUB 14.14 + Duplikat ist. Zu diesen Passagen aus KUB 14.14 +, noch ohne KBo 51.19, siehe Verfasser, RANT 6 (2009) [im Druck].

11 Literatur zur Tafel insgesamt bei S. Košak, Konkordanz 1.6, sub 1858/u.

12 Die Zeilenzählung ist gegenüber der Edition zu korrigieren, in der das Anschlußstück KUB 19.2 mit den ersten 12 Zz. der Rs. nicht berücksichtigt ist. Die gleiche Korrektur iat auch auf der Rs. von KBo 58.8 nötig.

13 EN und MEŠ über Rasur.

14 AŠ über Rasur.

15 Über Rasur.

16 ḪAR über Rasur.

Nummer 7 (1961/u)

CTH: 378[17]
Datierung: jh.
Anschlüsse: -
Duplikate: - (zu Zz. 4'ff. vgl. KUB 14.8 Vs. 21'ff., aber auch KBo 19.45 + KUB 19.4 + Bo 7744 + KUB 23.8[18])
Bearbeitung: R. Lebrun/A. Degrève, RANT 5 (2008), 130-131[19]

x+1 [ ]x[
2' [ ] nu-⸢uš⸣ [
3' [ ] ⸢i⸣-da-a-l[a-
4' [nu-u̯a-r]a-at ú-⸢e⸣-e[r
5' [k]u-en-nir nu-u̯a ⸢*A*⸣-*B*[*U-I̯A*
6' [ ]x *I-NA* KUR [URU]*MI-*⸢*IṢ*⸣-[*RI*
7' [K]Ù.BABBAR GUŠKIN [GIŠ]GIGIR[20] [GIŠ]x[
8' [ ]x-aš ki-iš-ša-an [
9' [ ]x-eš-ša *IŠ-T*[*U*
10' [-]i̯a-tén x[

Nummer 8 (151/v)

CTH: 378
Datierung: jh.
Anschlüsse: -
Duplikate: - (vgl. KUB 14.12 Rs.[21])
Bearbeitung: -

lk.Kol.

x+1 [ ]x-⸢iš⸣ (-)[
2' [-]ni-pát x[
3' [ ]x-ik -⸢du⸣ [ ]

17 Allerdings könnte die direkte Rede, die KBo 54.7 von KUB 14.8 Vs. 21'ff. unterscheidet, auch für Zugehörigkeit zu einem historischen Texte sprechen, der auf die Ereignisse um den Tod/die Ermordung Zannanzas Bezug nimmt, e.g. den Deeds of Šuppiluliuma, vgl. auch die folgende Anmerkung.

18 Siehe für den Text die Umschrift bei J.L. Miller, ZA 98 (2008), p. 118-119, für die kleine Lücke zu Beginn in Vs. 11' ist dort im Hinblick auf KBo 54.7, 4', nu-u̯[a-ra-at ú]-⸢e⸣-er zu erwägen.

19 1961/u Rs. 8 bei J. Tischler, HEG II 611, ist Versehen für 1691/u [= KBo 53.10] Rs. 8.

20 Nicht GUD$_8$.DA mit R. Lebrun/A. Degrève, RANT 5 (2008), p. 130.

21 Parallel zu KUB 14.12 Rs. 2'ff. ist KBo 51.20, 2'ff; die beiden Stücke vermögen zur gegenseitigen Ergänzung einiges beizutragen.

4’ [ ] NINDA.GUR$_{4}$.RA-in
5’ [ ] nu ki-nu-un
6’ [iš-pa-an-du-u]z-zi -i̯a
7’ [ ]-⸢un⸣ nu DINGIR^{MEŠ} *QA-TAM-*⸢*MA*⸣
8’ [ ] ŠÀ KUR.KUR$^{ḪI.A}$ nam-⸢ma⸣ *Ú-UL*
9’ [NINDA.GUR$_{4}$.R]A-iš iš-pa-an-du-uz-zi-i̯a
10’ [ ]x-⸢tar⸣-ra-mu-uš-ša-an
11’ [ ]x-⸢mi⸣
12’ [ ]x x-ma-aš ⸢pí⸣-x[

Nummer 9 (1871/u)

CTH: 389
Datierung: jh.
Anschlüsse: -
Duplikate: -
Bearbeitung: -

lk.Kol.
x+1 [ ]x-⸢lu-uš⸣

2’’ [ ]x-zi

r.Kol.
x+1 LÚ [

2’ nu-kán x[
3’ e-eš-du x[
4’ *ŠA* ^{DINGIR}x[
5’ na-aš *A-N*[*A*
6’ ar-kam-ma-x[
7’ pár-ku-iš x[
8’ u-pa-aš-ḫu-x[

Nummer 10 (1914/u)

CTH: 389
Datierung: jh.
Anschlüsse: -

Duplikate: -
Bearbeitung: x+1 F. Starke, KZ 93 (1979), p. 252 Anm. 25

x+1 [ta-r]i-⌈i̯a⌉-aš-⌈h̯a⌉-aš ⌈e⌉-eš-z[i
2’ [ ]x nu-mu ^{DINGIR}U ^{URU}*H̯AT-TI* [
3’ [ ]x-a-ri ti-i̯a-at-tén [
4’ [ ]x *ÙŠA* ^{DINGIR}UTU x x[
5’ [ ]x x[

Nummer 11 (1977/u)

CTH: 389
Datierung: jh.
Anschlüsse: -
Duplikate: -
Bearbeitung: -

1 [ ]x-u-ir [
2 [ ]x-u̯a-⌈ku⌉-[
3 [-]h̯u-ul[-
4 [ ] ^{LÚ}KÚR x[
5 [ ]x-ti *A-NA* ⌈^{DINGIR}⌉[
6 [ma]-⌈a⌉-an-u̯a DINGIR^{LUM} x[
7 [-]ti ^{GIŠ}TUKUL$^{\text{H̯I.A}}$ [
8 [ ]x[-z]i x[

Nummer 12 (26/v)

CTH: 389
Datierung: jh.
Anschlüsse: -
Duplikate: -
Bearbeitung: -

x+1 [ ]x x x x[
2’ [a-pé-n]i-šu-u̯a-an-ti[22] [
3’ [ ] zi-ga-an x[
4’ [-i]š DINGIR^{MEŠ}-i̯a at-t[a-

---

22 Auch in KBo 60.4 Rs. 5 ist entgegen der Bemerkung im Vorwort (p. IV sub Nr. 4) a-pé-e-ni-šu-u̯a-an zu lesen, der vermeintliche Beleg für a-pé-e-ni ist zu streichen.

5' [ ]x-ḫu-ut ku-i-š[a(-)

6' [ ]x x x[

Nummer 13 (174/v)

CTH: 397

Datierung: jh.

Anschlüsse: -

Duplikate: KUB 24.14 Vs. I 1-15[23] (//Vs. 1-8); KUB 24.15 (+) 613/v Vs. I 5-15[24] (//Vs. 3-8)

Bearbeitung: -

Vs.

1 [*UM-MA* ^{f}Ḫé-pát-ta-ra-ak-ki ^{MUNUS}ŠU.G]I ^{URU}Zu-ḫa-⸢ru⸣-u̯a *ŠA* KUR ^{URU}Mu[-kiš ma-a-an al-u̯a-an-za-aḫ-ḫa-an-ta-an UN-an EGIR-pa la-a-mi]

2 [na-an-ša-an *A-NA* ^{GIŠ}ŠÚ.A-ḫi a-ša-aš-ḫ]i nu *ŠA* ZÌ.DA ŠE ⸢iš-na⸣-an da-aḫ-ḫi n[u! UR.GI_7-aš šal-pa-an me-na-aḫ-ḫa-an-da i-mi-i̯a-mi]

---

3 [nu túḫ-ḫu-i]š-šar *ŠA* ⸢UZ_6 pa⸣-an[-kur ^{NA_4}I]M.BABBAR kal-ú-i-i[š-na-an^{SAR} ta-pal-ku-uš-ta-na-an^{SAR}]

4 [ḫa-aḫ-ḫa-ši-it-ti-in^{SA}]^{R} e-u-⸢u̯a-an⸣ [^{GIŠ}ḫa-aš-du]-⸢e⸣-er ku-e-el im[-ma GIŠ-ru-u̯a-aš ḫa-aḫ-ḫal-la-aš a-li-il nu ki-i]

5 [ḫu-u-ma-an *A-NA* ZÌ.D]A [ŠE iš-ni me-na-aḫ-ḫa-an-d]a ⸢im⸣-mi-i̯a-mi n[u I *UP-NU* kar-aš ma-al-la-an]

6 [na-at šal-ga-mi na-at II še-e-nu-uš i-i̯a-m]i nu an-⸢ni⸣-iš-ki-mi ⸢ku⸣-[in UN-an nu-uš-ši-iš-ša-an]

7 [ZAG-za ^{UZU}ZAG.UDU-az I še-e-na-an te-eḫ-ḫi] GÙB-la-zi-i̯a-aš-ši[-iš-ša-an I še-e-na-an te-eḫ-ḫi]

---

8 [*ŠA* ZÌ.DA ŠE-ma iš-ni ku-e-da-ni me-na-aḫ-ḫa-an-d]a Ú$^{⸢ḪI⸣.A}$ i[m-mi-i̯a-an na-at da-aḫ-ḫi ...

9 [ ] [

10 [ ]x x[

---

23 Die Duplikatverhältnisse in den unmittelbar folgenden Zeilen sind mangels Masse in KBo 54.13 nicht mehr eindeutig zu beurteilen.

24 Von Vs. I 5-6, den Zeilen, mit denen KUB 24.15 einsetzt, ist praktisch nichts erhalten, so daß die Duplikatzuordnung nur tentativ sein kann, ab Vs. I 16 erlaubt der schlechte Erhaltungsstand von KBo 54.13 wieder keinen Vergleich.

Nummer 14 (691/z)

CTH: 400
Datierung: jh. (spät)
Anschlüsse: (+) KUB 30.35 + KUB 39.104 + Bo 8334 + Bo 4422
Duplikate: KUB 39.102; KUB 30.34 + KUB 60.75[25] Rs. IV 1-7 (//Rs. III 4'-11'); KUB 39.103 Rs. III x+1-4' (//Rs. III 7'-11'); 507/u; KBo 46.10 (+) KBo 52.25; KBo 54.15; Bo 4690; ABoT 2.24
Bearbeitung: D. Groddek, IJDL 2 (2005), p. 17, 23; D. Groddek, DBH 20, p. 76; P. Taracha, BiOr 63 (2006), Sp. 123; II 3 E. Rieken, StBoT 44, p. 160; III 5'.7' E. Neu, StBoT 32, p. 230 Anm. 7; D. Groddek, in Vorbereitung[26]

Vs. II

1 [ ]x x[ ]-⸢ki⸣-iš pa-iz-zi
2 [ ]-⸢kán⸣ an-da ^{GIŠ}ku-ul-lu-pí-i̯[a]
3 [d]a-a-i pu-u-ru-ut-ta-aš-ša EGIR-an
4 [ ]x *IŠ-TU* Ì-i̯a LÀL iš-ki-az-zi
5 [i]š-pa-an-du-⸢u̯a⸣-az ši-pa-an-ti
6 [ ]x-zi ki-i pu-u-ru-ut
7 [n]a-at šu-me-eš *A-NA* KASKAL.KUR$^{\text{ḪI.A}}$
8 [ ]x ki-ša-ri šu-me-eš-ša ú-u̯a-at-tén

---

9 [ ] DINGIR^{MEŠ}-na-aš kat-ta na-at šu-me-eš
10 [ ]x-az ḫa-an-ni-eš-⸢šar⸣ e-eš-ḫa-na-aš
11 [li-in-ki-i̯a-aš pa-an-g]a-u-u̯a-aš EME-aš nu pu-u-ru-ut
12 [ ]x DINGIR^{MEŠ}-na-aš ⸢pé⸣-ra-an kat-⸢ta⸣ [

---

13 [ ]x x x[ ]x[

Rs. III

x+1 [z]i-⸢ik⸣ [
2' [ ]x UZU e-ez-⸢za⸣-x[
3' [ ]x-*KA* GÌR-*KA* iš-⸢ḫa⸣-aḫ?[-
4' [e-eš-ta an-d]a URU-ri ú-u̯a-aš [ ]

5' [na-aš-za na-aš-šu] ⸢É⸣ḫa-li-in-du-u̯a <-aš> šu-uḫ-ḫi

---

25 Vgl. die Umschrift bei D. Groddek, DBH 20, p. 76-77.
26 Literatur zur Tafel insgesamt bei S. Košak, Konkordanz 1.6, sub 691/z.

6’ [e-eš-ta-at na-a]š-ma-az-za-an *I-*⌜*NA*⌝ É.DINGIR^{MEŠ} šu-uḫ-ḫi
7’ [e-eš-ta-at] ki-nu-na ^{É}ḫa-li-tu-u̯a <-aš > É.DINGIR^{MEŠ}-i̯a
8’ [pár-ku-nu-ut nu ki-i] <<x>> i-na-an e-eš-ḫar *NI-IŠ* DINGIR$^{\textit{LIM}}$ ku-u̯a-pí
9’ [pa-iz-zi z]i-ik šu-u-ra-šu-u-u̯a <-aš >^{MUŠEN}
10’ [a-pád-da i-i]t<<-te-en>> nu e-eš-ḫa-na-an-za
11’ [li-in-ki-i̯a-a]z ^{É}ḫa-li-in-tu-u-u̯a [ ]

Nummer 15 (761/z)

CTH: 400
Datierung: ?[27]
Anschlüsse: -[28]
Duplikate: KUB 30.35 + KUB 39.104 + Bo 8334 + Bo 4422 (+) KBo 54.14 Vs. I 8-10 (//Vs. I x+1-3’); KUB 39.102; KUB 30.34 + KUB 60.75; KUB 39.103; 507/u; KBo 46.10 (+) KBo 52.25; Bo 4690; ABoT 2.24
Bearbeitung: D. Groddek, DBH 20, p. 76; D. Groddek, in Vorbereitung

(Vs. I)
x+1 u̯a-⌜ap⌝-pu[-mi-it <<na-an-za>> ku-u̯a-at ú-u̯a-nu-un ku-it]
2’ da-ri-i̯[a-aḫ-ḫu-un nu ú-u̯a-an-du ka-ru-ú-i-li-e-eš]
3’ [ ]x x[

Nummer 16 (1970/u)

CTH: 413
Datierung: jh.
Anschlüsse: + Bo 4257[29]
Duplikate: KBo 4.1 + KBo 58.17 Vs. 19-35 (//x+1-17’); KUB 9.33 + KBo 37.7 I x+1-11’ (//8’-17’); KUB 2.2 + KUB 48.1 I 21’-44’[30] (//x+1-17’); KUB 53.27, 5’-18’ (//x+1-17’); Bo 3377, 11’-17’ (//x+1-6’); KUB 59.51, x+1[31] (//Vs. 17’)[32]
Bearbeitung: J.L. Miller, ZA 98 (2008), p. 232-233; D. Groddek, DBH 14, p. 89; D. Groddek, DBH 30, p. 9; H.-S. Schuster, HHB I, p. 59ff.

x+1 [I ḫal-ḫal-tu-ma-ri kat-ta-an ki-iš-ša-an da-a-i] I [ša-ma-na-aš KÙ.BABBAR

---

27 Signifikante Zeichenformen fehlen.
28 Sollte entweder o.A. zu 507/u oder KUB 39.102 gehören.
29 Umschrift von Bo 4257 mit J.L. Miller, ZA 98 (2008), p. 232-233.
30 Vgl. die Umschrift bei D. Groddek, DBH 30, p. 14-15.
31 Vgl. die Umschrift bei D. Groddek, DBH 14, p. 89.
32 KBo 54, p. V Anm. 7, zu KUB 59.52 verschrieben.

I ša-ma-na-aš GUŠKIN]

2’ [I ša-ma-na-aš ^{NA_4}ZA.GÌN I ša-ma-na-aš ^{NA_4}D]UḪ.ŠÚ. ⸢A I⸣ [ša-ma-na-aš ^{NA_4}AŠ.NU$_{11}$.GAL]

3’ [I ša-ma-na-aš AN.BAR I ša-ma-na-aš URUDU I š]a-ma-na-aš [ ] Z[ABARI ša-ma-n[a-aš [ ]

4’ [^{NA_4}ku-un-ku-nu-uz-zi-i̯a-aš na-at-kán] IV ḫal-ḫal-tu-ma-ri-i̯a-aš [*QA-TAM-M*]*A* ḫa-an-d[a-an-te-eš]

5’ [*A-NA* IV ku-ra-ak-ki-i̯a-aš-ša ku-e-da-ni-]i̯a *A-NA* I ku-ra-ak-ki kat-ta-an

6’ [ki-iš-ša-an da-a-i I ku-ra-ak-ki-in KÙ.BABBAR] I ku-ra-ak-ki-in GUŠKIN I^{EN} ^{NA_4}Z.G[ÌN]

7’ [I ku-ra-ak-ki-in ^{NA_4}DUḪ.ŠÚ.A I ku-ra-a]k-ki-in AN.BAR I ku-ra-ak-ki-i̯a-aš

8’ [^{NA_4}ku-un-ku-nu-zi-i̯a-aš I ku-ra-ak-ki-i]n URUDU I ku-ra-ak-ki-in ZABAR da-a[-i]

9’ [nu-kán an-da ki-iš-š]a-an me-ma-i

10’ [ka-a-ša ke-e ku-e É.DINGIR^{LIM} tu-uk *A-NA* DINGIR^{L}]^{IM} ú-e-tum-me-en ⸢DINGIR^{LIM}⸣[-i̯a-kán]

11’ [*ŠUM-ŠU* ḫal-za-a-i ú-e-da-an-zi-i̯a-at ke-e-da-ni nu-u̯a-ra-a]t *Ú-UL* an$^{!}$[33]-za-a-aš [ ]

12’ [ú-e-tum-me-en DINGIR^{MEŠ}-u̯a-ra-at ḫu-u-ma-an-te-eš ú-e-t]e-er [ ]

13’ [DINGIR^{MEŠ}.LÚ^{MEŠ}-u̯a-ra-at ^{LÚ}NAGAR-az ú-e-te-er ša-ma-nu-uš-m]a-u̯a kat-ta-an ⸢^{DINGIR}⸣[Te-li-pí-nu-uš]

14’ [da-iš še-er-ma-aš-ša-an ku-ud-du-uš ^{DINGIR}*É-A*-aš ḫa-ad-da-an-na-a]š LUGAL-uš ú-e[-te-et]

15’ [GIŠ-ru-ma NA$_4$-i̯a ḫu-u-ma-an-te-eš ḪUR.SAG^{MEŠ}-uš ú-te-er pu-u-ru]-⸢ut⸣-ma DINGIR^{MEŠ}.M[UNUS^{MEŠ}]

16’[34] [ú-e-te-er] [ ]

---

33 Zeichen ḪAL.

34 Der Ansatz dieser Zeile ist nicht sicher. J.L. Miller, ZA 98 (2008), p. 233, bringt ú-e-te-er am Ende von Z. 15’ unter, und läßt nach dem Paragraphenstrich Z. 16’ folgen. Da der Abstand zwischen letzter Zeile eines Paragraphen und Paragraphenstrich auf dieser Tafel divergiert, vgl. den vergleichsweise großen Abstand zwischen Z. 9’ und dem darauf folgenden Paragraphenstrich, mit dem vergleichsweise geringen Abstand zwischen Z. 12’ und dem folgenden Paragraphenstrich, ist ein eindeutiger Entscheid kaum möglich.

17’ [ša-ma-nu-uš kat-ta-an *ŠA* KÙ.BABBAR GUŠKIN-i̯a da-a-ir GUŠKIN ^{UR}]^{U}P[í-ru-un-du-um-me-i̯a-az]

Nummer 17 (225/v)

CTH: 429
Datierung: jh.
Anschlüsse: -
Duplikate: KBo 10.37 Vs. II 17’-24’ (//Vs. II x+1-7’), Rs. III 7-16 (//Rs. III x+1-11’); KBo 13.121; KBo 51.36; 424/z; KBo 51.37; KBo 48.43; Bo 4275 (par. KBo 13.156)
Bearbeitung: B. Christiansen, StBoT 48, p. 280-283; (Rs.) 4(’) O. Carruba, StBoT 2, p. 30[35]

Vs. (II)[36]

x+1 [e-e]t[37]-ri-i[š-mi-it na-at ka-a-ša ú-x-x-x]
2’ [nu ^{DINGIR}]UTU ⌜^{DINGIR}⌝[U ^{DINGIR}LAMMA ḪUL-lu-un EME]
3’ [ ] ⌜*A-NA*⌝ DUMU^{MEŠ} [a-u̯a-an ar-ḫa pár-aḫ-tén]

4’ [ ] na-at i[38]-m[i[39]-ú-la-aš e-et-ri-i̯a-aš (?) EGIR-an i-i̯a-an-ni-i̯a-an-du]
5’ [DU]MU^{MEŠ}-ma a[r-ḫa tar-na-an-du *Ú-UL* DÙ-at ku-it-ki]
6’ [*Ú-U*]*L*[40]-ma [u̯a-aš-ta-aš ku-it-ki *Ú-UL*-ma-kán da-a-aš ku-e-da-ni-ik-ki]
7’ [ku-it-]k[i KAxU-iš-ši-it tar-aš-ga-ni-i̯a-u-u̯a-an-za ...

Rs. (III)

x+1 [ ]x x[
2’ ⌜nu ši⌝-pa-⌜an⌝-ti [ ]

3’ ták-na-aš DINGIR.LÚ^{MEŠ} n[am[41]-ma az-zi-ik-ki-it-tén ak-ku-uš-ki-it-tén]
4’ ták-na-aš DINGIR.MAḪ[42] zi-ik[-ka$_4$ az-zi-ik-ki ak-ku-uš-ki an-da

---

35 Vgl. H.S. Haroutunian, FS Hoffner, p. 153.154-155.
36 Die umgekehrte Seitenbestimmung bei B. Christiansen, StBoT 48, p. 280ff., die wohl auf Grund falscher Zuordnung der Vs. II zum Duplikat entstanden ist, ist nicht tragfähig.
37 Keinesfalls DUM]U-° mit B. Christiansen, StBoT 48, p. 282.
38 EG[IR bei B. Christiansen, StBoT 48, p. 282, ist fehlerhaft.
39 Am Photo ist noch ein Teil des Winkelhakens zu sehen, der in der Autographie fehlt.
40 À.Š]A bei B. Christiansen, StBoT 48, p. 282, ist fehlerhaft, auch wenn man zu A.Š]À emendiert, was der Übersetzung ibid. nach wohl gemeint ist.
41 Fehlerhaft bei B. Christiansen, StBoT 48, p. 280.
42 ^{DINGIR}IM im Index der GNN, KBo 54, p. XXII, ist als falsch zu streichen.

5' da-an-ku-i da-ga-an-z[i-pí
6' an-da-e$^{?}$[43]-pa e-ep-te-en [Ḫ̮UL-lu-un EME-an]

7' i-da-a-lu-un UD-an i-da-⌈a⌉-[lu-un me-mi-an[44] ku-iš *A-NA* DUMU^{MEŠ}][45]
8' [m]e-mi-iš-ta na-at-ša-a[n EGIR-pa a-pé-e-da-ni pé-e-di pa-id-du (?)]

9' [*A-NA*] DUMU^{MEŠ}-ma EGIR-pa a-aš-š[u-u TI-tar ḫ̮a-ad-du-la-tar MU$^{\text{KAM.Ḫ̮I.A}}$ GÍD.DA EGIR.*U_4-MI*]
10' [[46] ma-i̯]a-an-ta-⌈tar⌉ ḫ̮a-aš-ti-[li-i̯a-tar in-na-ra-u-u̯a-a-tar]
11' [pé-eš-k]it$_{9}$-te-⌈en⌉ ^{GIŠ}pá[d-dur-ma-kán

Nummer 18 (215/v)

CTH: 446
Datierung: jh.
Anschlüsse: -
Duplikate: KUB 7.41 Vs. I 1-7 (//x+1-8'); KBo 51.38; KBo 51.39; KBo 57.31; KUB 41.8 +KBo 58.14 + KBo 48.89 (+) Bo 8041; KBo 10.45 + ABoT 2.30[47] Vs. I 1-8 (//x+1-8'); KUB 12.56; IBoT 2.128; KBo 7.57; Bo 8038; KBo 39.12[48]; KBo 45.194[49]; KBo 58.15
Bearbeitung: D. Groddek, DBH 11, p. 22; R. Akdoğan/G. Wilhelm, AMMY 2001 [2002], p. 238, 239; R. Akdoğan/G. Wilhelm, ZA 93 (2003), p. 214, 217[50]

x+1 [ma-a-an É-ir] ⌈e⌉-[eš-ḫ̮]a[-na-az pa-ap-ra-an-na-az]
2' [ku-úr-ku-ri-ma-az li-i]n-ki-i̯a-za pár-k[u-nu-u̯a-an-zi]
3' [nu ut-tar-še-et ki-i]š-⌈ša⌉-an [

---

43 Eventuell ist hier E an Stelle von I̯A gebraucht. B. Christiansen, StBoT 48, p. 280, erwägt an-da-a$^{?!}$-pa. Zu E als „I̯A$_x$" siehe H.C. Melchert, AHP, p. 35.

44 GE$_{6}$-an statt ⌈me⌉-mi-an in KBo 10.37 III 12 bei H. Haroutunian, FS Hoffner, p. 155, ist mit der Autographie nicht kompatibel. Auch überzeugt die freie Ergänzung von Ḫ̮UL-lu am Ende der Zeile nicht, das direkte Objekt liegt bereits mit an den Satzanfang gestelltem idālun šiu̯attan idālun memian vor, vgl. das korrekte Textverständnis bei B. Christiansen, StBoT 48, p. 281.

45 Die Klammernsetzung am Zeilenende bei B. Christiansen, StBoT 48, p. 280, die DU)]MU^{MEŠ} bietet, ist reines Phantasieprodukt, vom Zeilenende ist nichts erhalten!

46 Hier ist der Text bei B. Christiansen, StBoT 48, p. 280, falsch auf die Zeilen verteilt.

47 Teilstück ABoT 2.30. Autographie (und Photo) auch bei R. Akdoğan/G. Wilhelm, AMMY 2001 [2002], Taf. I bzw. V und dies., ZA 93 (2003), p. 215 bzw. 216.

48 Vgl. die Umschrift bei D. Groddek, DBH 11, p. 22.

49 Vgl. die Umschrift bei H. Roszkowska-Mutschler, DBH 16, p. 244.

50 Vgl. H. Otten, ZA 54 (1961), p. 116.

4' [ka-ru-ú-a-ri-u̯a-ar ^{LÚ}AZ]U É-ir ḫa-a-ši [na-aš-kán]
5' [an-da pa-iz-zi ^{URUD}]^{U}AL ^{URUDU}MAR ^{URUDU}g[ul-lu-bi ḫar-zi]
6' [É-ir te-kán ^{URUDU}AL pád-]da-a-i ^{URUDU}MAR-i[t pát-te-eš-šar]
7' [^{URUDU}KAxGIŠ da-a-i] [ ]

8' [*A-NA* IV ḫal-ḫal-du-um-ma-ri-i̯a *QA-T*]*AM-*⸢*MA*⸣ [pád-da-i ...

Nummer 19 (218/v)

CTH: 446
Datierung: jh.
Anschlüsse: -
Duplikate: KBo 58.15, x+1-6' (//8'-13')[51] (par. KBo 10.45 + ABoT 2.30[52] II)[53]
Bearbeitung: 8' E. Neu, Lokativ, p. 11 Anm. 14; 8'-13' KBo 58, p. V (sub Nr. 15); D. Groddek, DBH 11, p. 22[54]

x+1 [ ]-⸢ra⸣-a x x[
2' [-i]n *NI-IŠ* D[INGIR^{LIM}
3' [iš-ḫi-i̯a-a]t-tén na-at G[AM-an-ta
4' [ka]t-⸢ta⸣-an-⸢ta⸣ u̯[a-

5' [ ]-⸢a⸣-i pé-di-iš-ši[55] x[
6' [ ]x-an ša-ku-ni-i̯a-⸢ša⸣ [
7' [ ]x u̯a-ap-pu-i pí-x[

8' [^{TÚG}ku-re-eš-šar d]a-ga-a-an ḫu-it-ti-ez-z[i nu-uš-ša-an]
9' [^{TÚG}ku-re-eš-ni i-i̯a-a]n-na-a-i na-aš-kán an[-da pa-iz-zi]

10' [nu u̯a-ap-pu-u̯a-aš IM-an] Ì-it {Rasur} LÀL-it [ḫar-ni-i̯a-zi]
11' [ku-uš DINGIR^{MEŠ} i-i̯a-a]n-zi ^{DINGIR}A-du-un-te-er[-ri-in ^{LÚ}AZU]
12' [^{DINGIR}Zu-ul-ki-in *ŠA* ^{MUN}]^{US}ENSI ^{DINGIR}Ir-pí-t[i-ga-an

---

51 Die Angabe ist mit Unicherheiten behaftet, zwar entspricht selbiger Text den angegebenen Zeilen von KBo 54.19 völlig, doch entspricht er eben auch KBo 10.45 + ABoT 2.30 II 13-18, wobei KBo 10.45 + ABoT 2.30 [vgl. KBo 58, p. V sub Nr. 15] in Vs. II vor Z. 13 aber eben nicht KBo 54.19 entspricht

52 In KBo 54, p. V, sub Nr. 19, ist entsprechend KUB 7.41 in KBo 10.45 + ABoT 2.30 zu ändern.

53 Zz. 8'-15' entsprechen KUB 7.41 II 13-20, Zz. x+1-7' jedoch weichen stärker von KUB 7.41 ab.

54 Vgl. B.J. Collins, CoS 1, p. 168-171.

55 Von DI bis ŠI über Rasur.

13’ [$^{DING]IR}$Na-ra-a-an ^{DINGIR}Na-ap[-ša-ra-an ^{DINGIR}Mi-in-ki-in]
14’ [^{DINGIR}A-mu-un-ki-in ^{DINGIR}A]-⸢a⸣-pí-in nu-uš x[
15’ [nu-uš KI-an i]š[-pa]-⸢a-ri nu-uš⸣-š[a-an ku-u-uš DINGIR^{MEŠ} a-ša-ši]

Nummer 20 (127/v)

CTH: 409[56]
Datierung: jh.
Anschlüsse: + KBo 53.42 (+) KBo 22.111[57] + KBo 60.28[58]
Duplikate: FHL 26 + KUB 7.44 Vs. 12’-13’ (//22’-23’); KUB 12.20 + Bo 3916[59], 8’-13’[60] (//22’-27’); KBo 21.1 + KBo 21.5; KBo 21.2; KBo 57.33; IBoT 4.22[61]; KUB 55.45[62] + Bo 69/142 + 949/v + Bo 4471 Vs. II 30[63] (//22’-23’); Bo 3381; KBo 53.35; Bo 69/839, 2’-6’ (//22’-26’); Bo 69/721[64]
Bearbeitung: D. Groddek, DBH 24, p. 103 m.Anm. 291; J.L. Miller, ZA 96 (2006), p. 238 m.Anm. 8[65]

---

x+1 (= 22’) [na-at (?) *A-N*]*A* ⸢ÉSAG a⸣-[ra-aḫ-za-an-ta *ŠA*
2’ (= 23’) [... $^{GI]Š}$ŠENNUR ^{GIŠ}Ḫ[AŠḪUR.KUR.RA ^{GIŠ}e-i̯a-an ...
3’ (= 24’) [-z]i nu-kán! $^{GI[Š}$ ...[66] $^{ḪI.A}$ ku-i-e-eš ar-
4’ (= 25’) [-m]a-kán ^{GIŠ}i[t-[67] dam-me-el pé-e-da-
5’ (= 26’) [a]l-kiš-ta-na[-aš a-[68]

---

56 Bei S. Košak, Konkordanz 1.6, sind die Duplikate zu CTH 409 gestellt, was auf Grund der Verfasserin Person, Tunnau̯i̯a, naheliegt. Konsequenterweise muß dann aber auch der vorliegende Text von CTH 448 nach CTH 409 umgestellt werden.
57 Vgl. die Umschrift bei D. Groddek, DBH 24, p. 103-104.
58 Vgl. KBo 60, p. V (sub Nr. 28).
59 Bo 3916, 10’, mit Verweis auf H. Otten, StBoT 17, p. 41, bei F. Fuscagni, HPMM 6, p. 60, ist Fehlzitat für Bo 3936, wie in StBoT 17 korrekt angegeben.
60 Zeilenzählung ohne Berücksichtigung des Anschlußstückes Bo 3916, das oberhalb von KUB 12.20 zu stehen kommt.
61 Vgl. die Umschrift bei D. Groddek, DBH 23, p. 17.
62 Vgl. die Umschrift bei D. Groddek, DBH 4, p. 81-82.
63 Siehe die Umschrift bei J.L. Miller, ZA 96 (2006), p. 239.
64 Vgl. zur Textzusammenstellung J.L. Miller, KBo 53, p. V sub Nr. 42.
65 Literatur zur Tafel insgesamt bei S. Košak, Konkordanz 1.6, sub 1553/u.
66 Eine in KUB 12.20, 10’, fragend ergänzende Lesung *IN-BI*$^{ḪI.A}$, so P. Taracha, Hethitica 10 (1990), p. 174, will nicht so recht zu den minimalen Zeichenspuren der Autographie sprechen, wo der Kopf eines Schlußsenkrechten auszumachen ist.
67 Eventuell ku!-i[t.
68 Für eine hypothetische Ergänzung siehe P. Taracha, Hethitica 10 (1990), p. 174.

6' (= 27') [ ]x x x x x[... KÁ.GAL$^{\textit{TIM}}$[69]

Nummer 21 (1823/u)

CTH: 448
Datierung: jh.
Anschlüsse: -
Duplikate: 1270/z r.Kol. 7'-13'[70] (//x+1-7'); KUB 43.55
Bearbeitung: 3' F. Starke, StBoT 31, p. 355

x+1 [n]u-⸢u̯a-ad-du-za a⸣-[ra-an i-i̯a-nu-un]
2' nu-u̯a-at-ta šar-n[i-in-ku-un nu-u̯a-mu]
3' ⸢nam⸣-ma kal-⸢la⸣-a-ar [le-e i-i̯a-ši]
4' ⸢i⸣-da-la-a-u-u̯a-an-ni-i̯[a-u̯a-mu ...
5' [KÁ]-⸢aš⸣ le-e ti-⸢i⸣-[i̯a-ši
6' [ga-pí-]ir-ta-an i[š-ḫi-
7' [ ]x an[-da-ma-]k[án
8' [ ]x a-ra-aš x[
9' [ ]-⸢e?⸣ [

Nummer 22 (90/v)

CTH: 448
Datierung: ?[71]
Anschlüsse: -
Duplikate: Bo 3971 + HT 12 Vs. I 4'-10' (//x+1-5')
Bearbeitung: -[72]

x+1 [I *UP-NU* ^{GIŠ}*IN-BI*$^{\text{HI.A}}$ ḫu-el-pí ku-it-t]a p[a-ra-a te-pu (?)]
2' [^{GIŠ}GEŠTIN ^{GIŠ}ḪAŠḪUR ^{GIŠ}ḪAŠḪUR.KUR.RA ^{GIŠ}ŠENNUR] ^{GIŠ}dam-⸢maš-ḫu-el⸣

3' [*ŠA* $^{\text{LÚ.MEŠ}}$MUḪALDIM ḫu-u-ma-an-ta p]ár-šu-la-aš
4' [TU$_7$ a-da-an-na-aš-ša TU$_7$ A GA ḫa-la-an-t]i-i̯a-u-u̯a-aš[73]
5' [$^{\text{TU}_7}$du-ni-ša TU$_7$ LUGAL $^{\text{TU}_7}$ḫa-pal-zi-ri $^{\text{TU}_7}$an-d]a-⸢ku⸣-ma-a[š]

---

69 Die Autographie (KUB 12.20) spricht gegen KÁ.GAL-az, wie bei P. Taracha, Hethitica 10 (1990), p. 174, gelesen ist.

70 Vgl. KBo 54, p. V sub Nr. 21, sowie F. Starke, StBoT 31, p. 355 Anm. 1258.

71 Signifikante Zeichenformen fehlen.

72 Vgl. P. Taracha, CHANE 5, p. 30

73 Nach vorliegendem Duplikate wäre Bo 3971 + HT 12 Vs. I 8' bei P. Taracha, CHANE 5, p. 30, jetzt in ḫa-la-an-ti-i̯a-u-u̯[(a-aš)] zu ändern.

Nummer 23 (143/v)

CTH: 458
Datierung: jh.
Anschlüsse: -
Duplikate: -
Bearbeitung: -

x+1 [ ]x-⸢i⸣ [
2’ [^{U}]^{RU}⸢*ḪAT-TI*⸣ x[
3’ [-k]i-i̯a-aš x[
4’ [-z]i na-at ⸢šu⸣-[

5’ [ ]x ḫa-ra-aš da-a n[a-
6’ [ ]x-at ar-ḫa ḫar-x[
7’ [-p]a-iš da-a n[a-
8’ [pé]-⸢e⸣-da zi-g[a
9’ [ ]x e-ez-z[a-
10’ [ ]x x[

Nummer 24 (1918/u)

CTH: 470
Datierung: jh.
Anschlüsse: -
Duplikate: -
Bearbeitung: -

Vs.

x+1 [-z]i

2’ [ ]x
3’ [ ]x pa-iz-zi

4’ [ ]x-an -⸢du⸣
5’ [pé-e]š-ši-i̯a-an-⸢du⸣
6’ [ ] -pát

7’ [nu-u]š-ši-iš-ša-an
8’ [ ] -da
9’ [ ] É-*ŠU*

10' [(-)a]n -da
11' [ ]⌈MEŠ -ŠU⌉

Rs.
x+1 [-d]a [(-)
2' [ ] ⌈Ú⌉-UL a[p-
3' [ ]x x ⌈ŠA⌉ [

Nummer 25 (1921/u)

CTH: 470
Datierung: jh.
Anschlüsse: -
Duplikate: -
Bearbeitung: -

x+1 ⌈na-an⌉ š[a-
2' nu-uš-ša-a[n
3' nam-ma-kán x[
4' nu KUŠE.SIR [
5' ḫar-zi ŠA x[
6' x x x[

Nummer 26 (1930/u)

CTH: 470
Datierung: jh.
Anschlüsse: -
Duplikate: -
Bearbeitung: -

x+1 [ ]-⌈an⌉-x[
2' [ ]x-iz-z[i(-)
3' [k]e-e-ez-zi-⌈i̯a⌉ x
4' [ ]x-ma ke-e-da-aš
5' [-a]n-kán
6' [ ]x-ša-a-i

7' [ ]x x x-⌈u̯a?⌉-an [(-)

Nummer 27 (1931/u)

CTH: 470
Datierung: jh.
Anschlüsse: -
Duplikate: -
Bearbeitung: 2(’) H. Berman, Diss., p. 57

x+1 [ ]x x x x x[

2’ [ ]x NA_4-an ^{GIŠ}ḪAŠḪ[UR
3’ [n]a-an-kán SAG.DU^{MEŠ}[
4’ [ ]x-ú iš-me-iš l[a-
5’ [ ]x IGI$^{ḪI.A}$-*ŠU* an-d[a
6’ [-]ma-aḫ-ḫi la-a[k-
7’ [ ]x[

Nummer 28 (1932/u)

CTH: 470
Datierung: jh.
Anschlüsse: -
Duplikate: -
Bearbeitung: -

lk.Kol.
x+1 [ ]x

r.Kol.
x+1 ma-⸢aḫ-ḫa-an⸣ [
2’ ú-u̯a-an-z[i
3’ na-an-kán [
4’ ⸢ku⸣-i-e-eš x[
5’ i-i̯a-an-te-eš [
6’ nam-ma-aš-kán [
7’ ^{NA_4}pa-aš-ši-lu[-uš

8’ na-aš-ta an-⸢da⸣ [
9’ [ ]x x[

Nummer 29 (1937/u)

CTH: 470
Datierung: jh.
Anschlüsse: -
Duplikate: -
Bearbeitung: -

x+1 [ ]x[
2' [ ] ú-u̯a-⸢an⸣-z[i
3' [ ]x-ma KÁ.GAL [
4' [-n]u-an-zi [

5' [^{MUNUS}Š]U.GI II DUG [
6' [ ]x x x [

Nummer 30 (1938/u)

CTH: 470
Datierung: jh.
Anschlüsse: -
Duplikate: -
Bearbeitung: -

Vs.
1 [ ]x ^{DINGIR}UTU-uš
2 [zi-i]k ^{DINGIR}UTU-uš x[
3 [ ] SÍG SA$_5$
4 [ ]x-ma-a-an-zi
5 [ ]x-⸢an⸣-kán[-z]i

Nummer 31 (1940/u)

CTH: 470
Datierung: ?[74]
Anschlüsse: -
Duplikate: -
Bearbeitung: -

x+1 [ ]x-⸢za⸣ x[
2' [ ]x ^{DINGIR}UTU-x[

---

74 Signifikante Zeichenformen fehlen.

3’ [-r]a-ni-i[n
4’ [ ]x-za x[
5’ [ ]x MUŠ$^{ḪI.⸢A⸣}$ [
6’ [-]in KI[.MIN
7’ [K]I.MIN GEŠTU$^{ḪI.A}$ [KI.MIN
8’ [ ]^{MEŠ}-za x[
9’ [ ]x x[

Nummer 32 (1957/u)

CTH: 470
Datierung: jh.
Anschlüsse: -
Duplikate: -
Bearbeitung: -

Vs.
x+1 [ ]x x[
2’ [ ]x-ḫa-tap-x[
3’ [ ] DINGIR^{MEŠ} KUR $^{⸢URU⸣}$x[
4’ [DUMU.L]Ú.U$_{19}$.LU nu-u̯a ka-⸢a⸣-[
5’ [ ]x pár-ku-nu [-

6’ [-]u̯a ka-a-aš e[-
7’ [ ]x-za nu [
8’ [ ]x-⸢ma⸣ x[

Rs.
x+1 [ ]x ⸢i⸣-[
2’ [-]pa-aš I $^{⸢SÍG⸣}$x[

3’ [^{MUNUS}Š]U.GI EN.SISKU[R
4’ [*Š*]*A* EN$^{!}$.S[ISKUR

Nummer 33 (1980/u)

CTH: 470
Datierung: ?[75]

75 Signifikante Zeichenformen fehlen. DA in Z. 4’ läßt am Photo noch Teile des zweiten Keilkopfes des mittleren Wagerechten erkennen, der in der Autographie fehlt.

Anschlüsse: -
Duplikate: -
Bearbeitung: -

r.Kol.

x+1 x[
2' an-tu-u[ḫ-
3' u̯a-al-lu-x[
4' an-da tar-n[a-
5' ⌜u̯a⌝-ar-pa-an[-
6' [-i]t [

Nummer 34 (14/v)

CTH: 470
Datierung: jh.
Anschlüsse: -
Duplikate: -
Bearbeitung: -

x+1 [ ]x
2' [ ]x ⌜e⌝-ez-za-at-⌜tén⌝
3' [n]i-in-ik-tén
4' [ ]x aš-ša-nu-ut-tén
5' [ ]x-⌜ap?⌝-tén

6" [ ] ⌜da⌝-an-z[i]
7" [ ]x [ ]
8" [ ]x [ ]

Nummer 35 (25/v)

CTH: 470
Datierung: mh. (?)
Anschlüsse: -
Duplikate: -[76] (par. KUB 7.53 + KUB 12.58 III 36'ff.[77])
Bearbeitung: J.L. Miller, StBoT 46, p. 456 Anm. 753; 3(') E. Neu, StBoT 5, p. 58 Anm. 5; 3' E. Neu, StBoT 32, p. 341 Anm. 77

76 Das Fragment ist entgegen J.L. Miller, StBoT 46, p. 456 Anm. 753, nicht Duplikat zu KUB 17.10 IV 1-3.

77 Vgl. zur korrekten Textherstellung H. Otten, AfO 16 (1952/53), p. 70.

x+1 [ ]x x x x[
2’ [^{SÍG}e-e]š-⸢ša-ri⸣ ḫu-⸢it-ti⸣-i̯[a-]x[
3’ [šu-uk-]šu-ug-ga-an ḫu-⸢it⸣-ti-⸢i̯a⸣-[

4’ [ ] x x x x x [t]u-⸢eg⸣-ga-az [
5’ [-a]n MU-an [
6’ [ ]x DAM[78]-*Š*[*U*
7’ [ ] [

8’ [ ]x x x[

Nummer 36 (32/v)

CTH: 434[79]
Datierung: jh.
Anschlüsse: -[80]
Duplikate: KBo 60.30 + Bo 4413 Rs. x+1-6’ (//Vs. II 15-20); KUB 36.83 IV x+1-9’ (//Vs. II 12-20); KBo 34.49 Vs.$^{?}$ x+1-12’ (//Vs. II 10-20); VBoT 86 Rs. IV x+1-3’ (//Vs. II 18’-20’)[81]
Bearbeitung: J.L. Miller, ZA 98 (2008), p. 233-235; II 15-20 J.L. Miller, ZA 98 (2008), p. 233 Anm. 47; II 16 J.L. Miller, ZA 98 (2008), p. 234 Anm. 54; II 17 J.L. Miller, ZA 98 (2008), p. 234 Anm. 58.59; II 19 J.L. Miller, ZA 98 (2008), p. 234 Anm. 63

Vs. II
1 [ ]x EN-*I̯A* ka[-
2 [$^{\text{LÚ.MEŠ}}$M]UŠEN.DÙ $^{\text{MUNUS.MEŠ}}$ŠU.GI $^{\text{MUNUS.ME[Š}}$
3 [ ]x MUNUS-aš-kán pa-it na[-]x ma$^{?}$[-
4 [*Š*]*A* ^{DINGIR}UTU ^{MUNUS}ŠU.⸢GI⸣ ^{f}A[m-m]a-a-aš an-ni[-
5 [-r]a-an ŠU-⸢it⸣ ḫar-zi [ ]x *A-NA* x[

78 Die Autographie ist an dieser Stelle zu korrigieren, wie nochmalige Photokollation erweist. Es irritiet, daß die Zeichenform diskontinuierlich geschrieben ist, dergestalt, daß der Schlußsenkrechte des e i n e n Zeichens DAM mit weitem Abstand nach hinten gezogen erscheint, wie in der Autographie korrekt angegeben. Der Mittelteil des Zeichens, hinter den beiden Winkelhaken, bedarf der Modifikation: oben und unten steht ein Wagerechter statt eines leicht schrägen Keils, wenn auch der obere Wagerechte leicht schräg verrutscht ist, der Wagerechte in der Mitte dazwischen ist eindeutig gebrochen!

79 Bei S. Košak, Konkordanz 1.6, sub 32/v ist CTH 470 zu CTH 434 zu ändern, da die Duplikate unter e i n e r CTH-Nummer gebucht sein sollten.

80 S. Košak, Konkordanz 1.6, sub 32/v, erwägt Zugehörigkeit o.A. zu KBo 54.50, was nach Kollation der Originale allerdings unwahrscheinlich scheint.

81 Textzusammenstellung mit J.L. Miller, ZA 98 (2008), p. 233.

6 [pa-a]p-ra-tar ⸢al⸣-[ṷa]-⸢an⸣-za-tar [ ]x-ul-la-an-z[a(-)
7 [ ]x-i̯a-tar DUMU-an-na-aš x[ ]x-pa-at-ta-aš [
8 [ ]x ḫa-⸢tu⸣-ga-tar an-da ma-a-na-aš x[
9 [ ]x ⸢še-e⸣-na-aš LÍL-aš UN-aš LÍL-aš [
10 [ ]x-aš *ŠA* ^{DINGIR}UTU ^{MUNUS}ŠU.GI [
11 [... š]e-e-na-aš kat-ta da-a [-i]

---

12 [nu-za BIL.ZA.ZA SAG.DU- -n]a-an-da-an še-e-na-an ⸢da⸣-a-i [ ]
13 [na-an-ši-iš-ša-an pa-ra-a SAG.D]U-i da-a-i nu me-ma-i [ ]
14 [ku-it-ši-iš-ša-an] ^{f}Am-ma-a-aš še-er da-a-le-eš-ta [
15 [...-aš an-na-a-aš-]ša *ŠA* ^{DINGIR}UTU ^{MUNUS}ŠU.GI kat-ta
⸢ú⸣-[da-ú]
16 [nu *ŠE-AM* iš-na-an NINDA$^{HI.A}$ ḫ]u-ri-i̯a-aš ŠAḪ pa-ra-a iš-ḫu-u[-ṷa-an-zi]
17 [na-at ... e-ez-za-z]i ku-it-ták-kán kur-ak!-zi!-m[a]
18 [na-at I_7-i EGIR-an] tar-na-an-⸢zi⸣ [ ]

---

19 [nam-ma a-pa-a-at *AŠ-RU* pád-d]a-⸢an⸣-zi nu SAḪAR$^{HI.A}$-u[š I_7-i]
20 [EGIR-an tar-na-an-zi BIL.ZA.ZA-ma š]e-e-na[-aš IM UR.TUR

Rs. III
x+1 [-u]š x x[
2’ [ ]x-an-zi na-at-kán [
3’ [-]ma-kán [EGI]R-pa a-x[
4’ [pé-e]š-ši-i̯a-an-zi na[-]x-ku[-
5’ [-i̯]a-an-zi na-an EN.SISKUR da-a-i [
6’ [ ]x[l]a-a-ḫu-ṷa-an[-
7’ [ ] ut-tar [
8’ [zi-i]k-kán-zi na-aš-ma a[-
9’ [-]i a[-

Nummer 37 (35/v)

CTH: 470
Datierung: jh.
Anschlüsse: -
Duplikate: -
Bearbeitung: -

x+1 [ ]x x x[
2’ [-]ši ka-a-š[a
3’ [-u]š GUNNI-⸢i⸣ [
4’ [ ] ZI-*KA* x[
5’ [u̯]a-at-ta-r[u
6’ [ ] nu le-e [
7’ [ ] [

Nummer 38 (39/v)

CTH: 470
Datierung: ?[82]
Anschlüsse: -
Duplikate: -
Bearbeitung: -

x+1 [ ]x-šu-u-⸢u̯a⸣-x[
2’ [ ]x x-al-l[a(-)
3’ [$^{\text{Ḫ]I.A-}\textit{TIM}}$ x[
4’ [ ] iš-tal-k[i-
5’ [-z]i-i̯a x[
6’ [ ]x-pí-⸢ša⸣-[

Nummer 39 (42/v)

CTH: 470
Datierung: jh.
Anschlüsse: -
Duplikate: -
Bearbeitung: -

x+1 [ ]x x x[
2’ [ ]^{MEŠ}⸢LUGAL li⸣-[
3’ [ ] ⸢iš⸣-ḫa-aḫ-r[u(-)
4’ [-i]n tar-ma-⸢a⸣-[

5’ [ ] na-aš-šu-kán *A-NA* x[
6’ [ ] x x x x-⸢iš⸣ [

82 Signifikante Zeichenformen fehlen.

Nummer 40 (44/v)

CTH: 470[83]
Datierung: jh.
Anschlüsse: -
Duplikate: -
Bearbeitung: -

x+1 [ ]x x x x[
2’ [i]š-pa-an-⸢da⸣-aḫ-ḫi [
3’ [iš-p]a-an-da-⸢aḫ-ḫi⸣ [
4’ [ ]x x[

Nummer 41 (54/v)

CTH: 470
Datierung: jh.
Anschlüsse: -
Duplikate: -
Bearbeitung: -

x+1 [ ]x x[
2’ [-ta]r-ra a[n-
3’ [-]ni-eš-ke-eš-ša[r
4’ [-]ti GU$_4$-un ma-⸢a⸣-[
5’ [ ]-⸢i⸣ IGI-an-da ti[-
6’ [ ]x-ka$_4$ ar-du-⸢ma⸣-[
7’ [n]a-at SIG$_5$[-

8’ [ ]x x[

Nummer 42 (56/v)

CTH: 470
Datierung: jh.
Anschlüsse: -

83 Bezüglich der Beschaffenheit des Tons, wozu bei S. Košak, Konkordanz 1.6, sub 44/v, die Angabe „hellgrauer gebr. Ton“ mit der Angabe „ungebranntes Tonstück“ aus KBo 54, p. VI, gegenübergestellt ist, sei angemerkt, daß das Fragment sehr weich und elastisch, eigentlich einem weichen Radiergummi ähnlicher denn einer Tontafel ist, mit potentiellem Abrieb bei Berührung. Wenn das Fragment beim Auffinden gebrannt gewesen sein sollte, muß es später bei Lagerung im Museum einem solchen Chemikalienmix ausgesetzt gewesen sein, daß sich der Prozeß umgekehrt hat.

Duplikate: -
Bearbeitung: (r. 9’) N. Oettinger, Stammbildung, p. 332

lk.Kol.

x+1 [ ]x x nu [ ]x
2’ [ ] ⌈*ŠA*⌉ x-x-x-a-la-aš
3’ [ ] I$^{\textit{NU-TIM}}$ $^{\text{⌈KUŠ⌉}}$KIB.NÍNDA$^{\text{ḪI.A}}$
4’ [-*T*]*UM* I ^{KUŠ}É.MÁ.URU$_5$
5’ [ ]x
6’ [Z]A.LAM.GAR
7’ [ ]x-ú I ^{TÚG}ŠÀ.NÁ
8’ [ ]x ½ GÍN.⌈GÍN⌉ KÙ.BABBAR
9’ [-z]i na-at-za
10’ [K]Ù.BABBAR II *TU-U*[*L- T*]*UM*
11’ [ ]x GÍN ⌈KÙ⌉.B[ABBAR
12’ [ ]x-aš d[a-
13’ [ ]x x x[

r.Kol.

x+1 nu [

2’ nu [
3’ VII x[
4’ *I-*⌈*NA*⌉ [ ]x[
5’ I$_7$-i ⌈an⌉-[da
6’ ku-⌈it⌉-ma-⌈an⌉ [
7’ ^{LÚ}AZU-ma [

8’ nu ^{DUG}GAL A ⌈ú⌉-[
9’ ⌈kap⌉-pu-u-i-e-e[z-zi
10’ [ ]x x KÙ.B[ABBAR
11’ [ ]x x[

Nummer 43 (67/v)

CTH: 470
Datierung: jh.
Anschlüsse: -
Duplikate: -

Bearbeitung: -

r.Kol.

x+1 ⸢a⸣-aš[-

2’ GUŠKIN-aš e-eš-z[i

3’ na-ak-ku-uš a-ar-k[am-

Nummer 44 (73/v)

CTH: 470
Datierung: jh.
Anschlüsse: -
Duplikate: -
Bearbeitung: -

lk.Kol.

x+1	[	]x-x -ša
2’	[	-a]k-ku-uš-šu-u̯a[(-)
3’	[	]x *A-NA* DUMU.MUNUS [
4’	[	i]š-⸢ḫu⸣-u-u̯a-an
5’	[	]x
6’	[	]x-zi
7’	[	]
8”	[	]
9”	[	]x
10”	[	-i̯]a-aš
11”	[	]x

Nummer 45 (75/v)

CTH: 470
Datierung: jh.
Anschlüsse: -
Duplikate: -
Bearbeitung: -

x+1	[	]x x x x[
2’	[	]x-ki-it[-
3’	[	]x x-nu-ti x[

4’ [(-)]na-aš u̯a-a-tar I x[

5’ [ ]x e-šu-u̯a-⸢an⸣ [

6’ [-e]n a-pa-a-ša-m[u

7’ [ ] ḫar-pé-e-x[

8’ [ ]x ⸢iš⸣-x[

Nummer 46 (79/v)

CTH: 470

Datierung: ?[84]

Anschlüsse: -

Duplikate: -

Bearbeitung: -

x+1 [-t]i [

2’ [ ]x UR.TUR [

3’ [ ] ⸢IV⸣-*ŠU* ir-ḫa-⸢a-iz⸣-z[i

Nummer 47 (94/v)

CTH: 470

Datierung: jh.

Anschlüsse: -

Duplikate: -

Bearbeitung: -

x+1 [ ]x-⸢e⸣-x[

2’ [ ]-⸢a⸣-an x[

3’ [-]ši ḪU[L-

4’ [ ]x-aš ḪUL-lu [

5’ [-]mi-ni {Rasur} [

6’ [-]nu-uš-kán-du x[

Nummer 48 (103/v)

CTH: 470

Datierung: jh.

84 Signifikante Zeichenformen fehlen.

Anschlüsse: -
Duplikate: -
Bearbeitung: -

Vs.

x+1 [ ]x[

2’ [ ]-⌈i̯a⌉-an[-

3’ [ ]x.⌈SÍSKUR⌉ [

* * *

4’ [ ] ⌈GU$_4$.MAḪ⌉ [

5’ [-n]i-⌈it⌉ [

6’ [ ]xME[^{Š}

7’ [ ] NINDA x[ ]x x[

8’ [ ]x x ^{KUŠ}NÍG[.BÀR

9’ [ ]x a-x[-]u̯a-x[

Rs.

x+1 [-]kar-ri x[

2’ [šu-up-p]í-aḫ-ḫa-an-d[a

3’ [ ]x ku-u̯a-pí [

4’ [-i̯]a$^{?}$-aš ma-aḫ-ḫa-a[n

5’ [ ]x NAG-na [

6’ [-]ši-kán-zi [

* * *

7’ [ḫu-]uḫ-ḫa-aš ḫa-an-na[-aš

8’ [*I*]*N-BI*$^{\text{ḪI.A}}$-i̯a da-⌈a⌉-[

9’ [ ] I DUG KAŠ I DUG GEŠTIN [

10’ [-z]i nu-kán IZI-ḫur [

11’ [-z]i nam-ma-kán I[ZI-

12’ [ ]x-zi nu *A-N*[*A*

13’ [ ]x.SISKUR-ni [

Nummer 49 (104/v)

CTH: 470
Datierung: jh.
Anschlüsse: -
Duplikate: -
Bearbeitung: -

x+1 [ ]x x x[
2’ [ ]x x[
3’ [-]ti x x[

4’ [ ]x ⌜a-pé⌝-e [
5’ [ ]x i-i̯a-an-te-e[š
6’ [-]pí kat-ta ḫ[u-
7’ [U]R.TUR ⌜a-pí⌝-i̯[a
8’ [-a]n -⌜zi⌝ [ ]

Nummer 50 (105/v)

CTH: 470
Datierung: jh.
Anschlüsse: -[85]
Duplikate: -
Bearbeitung: -

x+1 [ ]x(-)pa-x[
2’ [-n]u-ut ki-x[
3’ [^{f}A]m-ma-a-aš a[n-
4’ [S]ÍSKUR ḪUL-l[u
5’ [ ] ^{f}Am-ma-a-aš š[a-
6’ [ ]x XII ^{UZU}⌜ÚR^{ḪI}⌝.[^{A}
7’ [-a]n [(-)

8’ [-r]e-eš-n[a-

Nummer 51 (128/v)

CTH: 470
Datierung: jh.
Anschlüsse: -
Duplikate: -
Bearbeitung: -[86]

---

85 Der bei S. Košak, Konkordanz 1.6, sub 105/v, erwogene indirekte Anschluß an KBo 54.36 ist nach Kollation der Originale unwahrscheinlich.

86 128/v bei H. Otten, ZA 81 (1991), p. 111 Anm. 12 (mit Bezug auf CHD *L/N* 350-351), ist Versehen für 1238/v (jetzt = KBo 47.68).

x+1 [ ]x x x x x
2’ [ ]x III-*ŠU* za-a-i

3’ [ ] ar-ḫa ú-iz-⸢zi⸣
4’ [ ] ⸢pa⸣-ra-a ti-i-e-⸢ez-zi⸣
5’ [ ]x te-e-kán ⸢da⸣-a-i-⸢ir⸣
6’ [ša]-⸢ra⸣-a-az-zi-e-eš DINGIR^{MEŠ}
7’ [-a]z DINGIR^{MEŠ} da-an-ku-in
8’ [ ]x ⸢ITU⸣-ni
9’ [ ]

10’ [ ]x x x[

Nummer 52 (130/v)

CTH: 470
Datierung: jh.
Anschlüsse: -
Duplikate: -
Bearbeitung: -

lk.Kol.
x+1 [ ]x
2’ [ ]x

r.Kol.
x+1 [g]a-⸢an⸣-g[a-
2’ [L]Ú-iš a[n-
3’ ki-i SÍSKU[R

4’ EGIR-*ŠU*-ma-za [
5’ pár-ku-it šu-u[ḫ-
6’ ga-an-ga-ti-i̯[a-
7’ pár-ši-i̯a x[

8’ ⸢EGIR⸣-*ŠU*-ma [
9’ x x x[

Nummer 53 (131/v)

CTH: 470
Datierung: jh.
Anschlüsse: -
Duplikate: -
Bearbeitung: -

x+1 [na]m-⸢ma⸣ x[
2’ [-]ku-li-uš-ša uš[-
3’ [ ]x III-*ŠÚ* u̯a-aḫ-nu-x[
4’ [ ]x-⸢i⸣ pí-[
5’ [ ]x[

Nummer 54 (140/v)

CTH: 782
Datierung: jh.
Anschlüsse: -
Duplikate: KUB 45.23 + IBoT 4.38[87] IV 1-5 (//2’-7’)[88]; KUB 27.28[89] + KUB 45.22[90] IV 8’-13’ (//x+1-7’); KBo 19.135; KBo 35.109[91]
Bearbeitung: A. Archi, AoF 34 (2007), p. 194

lk.
x+1 [u̯a-a]l-⸢aḫ-zi⸣

2’ [SILA₄-ma[92] *A-NA* DINGIRU am-ba-aš-ši u̯a-]ar-nu-an -z[i]
3’ [I NINDA.GUR₄.RA *ŠA* BA.BA.ZA *ŠA* I *UP*-]*NI*
4’ [III NINDA.SIG MEŠ pár-ši-i̯a na-]at-ša-an
5’ [ḫa-aš-ši-i pé-eš-ši-i̯a-az-zi L]ÀL-i̯a-aš-ša-an [ ]
6’ [Ì GIŠ *IN-BU* MUN ḫa-aš]-⸢ši⸣-i iš-ḫu-u̯a-⸢i⸣ [ ]
7’ [GEŠTIN-i̯a BAL-an-ti ud-da]-⸢a⸣-ar[93] a-pé-e[-pát me-ma-i]

---

87 Vgl. die Umschrift bei D. Groddek, DBH 23, p. 28-29.

88 Von der Fortsetzung ist in beiden Texten zu wenig erhalten, um das Verhältnis zueinander beurteilen und eine Textherstellung vornehmen zu können, so daß hier jeglicher Ergänzungen entraten wird.

89 Vgl. die Umschrift bei V. Haas/I. Wegner, ChS I/5, p. 399ff. (Nr. 92.93).

90 Die CTH-Nummer wäre bei S. Košak, Konkordanz 1.6, sub Bo 439, von CTH 790 zu CTH 782 zu ändern; Gleiches gilt auch für KBo 19.135 und KBo 35.109.

91 Vgl. die Umschrift bei D. Groddek/A. Kloekhorst, DBH 19, p.123.

92 Die Textherstellung mit [I MUSEN *ḪUR-R*]*I* ... in IBoT 4.38 + KUB 45.23 Rs. 1 bei D. Groddek, DBH 23, p. 28, ist als inkorrekt aufzugeben.

93 Bei D. Groddek, DBH 23, p. 29 Anm. 30, ist in KUB 45.22 (+), Rs. IV! 12’ jetzt ud-da-a-a]r-ma a-pé-e-pát me-ma-i zu lesen.

8' [ ]x-x ti-i[-
9' [ ]x-an-da [
10' [ ]x[

Nummer 55 (141/v)

CTH: 470
Datierung: jh.
Anschlüsse: -
Duplikate: -
Bearbeitung: -

Vs.

x+1 [-š]a x x[
2' [-š]a-⸢an-zi⸣-ma-an-ša-an [
3' [ ] ⸢*ŠA*⸣-*PAL* GÌR^{MEŠ}-*ŠU*-ma-aš-ši [

4' [^{GIŠ}B]ANŠUR ša-ra-an-na-aš-x[
5' [ ]x-al-la I$^{\textit{EN}}$ *ŠA* LUGAL [
6' [ ]x IV GADA$^{\text{ḪI.A}}$ IGI$^{\text{ḪI.A}}$-aš an-d[a
7' [ ]x *ŠA* ŠU$^{\textit{TI}}$ GAR-ri II GAD[A
8' [ ]x GADA$^{\text{ḪI.A}}$ ka-ri-i̯a-an [(-)
9' [ ]x *ŠA* X GÍN.GÍN I x[
10' [K]Ù.BABBAR *ŠA* V GÍN.G[ÍN
11' [ ]x x[ ]x-i̯a [
12' [G]ÍN [

Nummer 56 (150/v)

CTH: 470
Datierung: mh.
Anschlüsse: -
Duplikate: -
Bearbeitung: x+1-7' H. Otten, StBoT 15, p. 46

x+1 x ⸢NINDA a-a⸣-a[n
2' I ^{SÍG}pít-⸢tu⸣-[la-
3' I tar-pa-a-la-aš [

4' ⸢Ì⸣.DÙG.GA te-pu [

5’ [^{GI}]^{Š}ša-a-ḫ̮i-iš x[

6’ [^{GI}]^{Š}ERIN ^{GIŠ}zu-up-p[a-ri(-)
7’ [ḫ̮]u-u-⌈ma-an⌉ ^{GIŠ}PÈŠ x[
8’ [ ]x[

Nummer 57 (153/v)

CTH: 470
Datierung: jh.
Anschlüsse: -
Duplikate: -
Bearbeitung: 2(’) E. Neu, StBoT 5, p. 93

x+1 x x x x[

2’ ki-iš-ša-ru [
3’ kar-ap nu-u[š-
4’ i-u̯a-ar ku[-
5’ ^{DINGIR}UTU-uš-za x[
6’ x-a-aš-ta nu [
7’ [ ]x x x x[

Nummer 58 (161/v)

CTH: 470
Datierung: jh. (spät)
Anschlüsse: -
Duplikate: -
Bearbeitung: -

Vs.$^{?}$
x+1 [š]u-up-pí-⌈i̯a⌉-aḫ̮-ḫ̮a-⌈an⌉-[zi]

2’ [i]š-ka$_4$-ru-uḫ̮
3’ [ ]x da-a-i

4’ [-z]i
5’ [ ]-⌈zi⌉

Rs.$^{?}$

x+1 [-z]i

Nummer 59 (162/v)

CTH: 470
Datierung: jh.
Anschlüsse: -
Duplikate: -
Bearbeitung: -

---

x+1 [^{G}]^{IŠ}e-i̯a-na-aš ^{GIŠ}x[
2' [ ]x-zi na-an-ká[n
3' [-u]z-zi a-x[
4' [ ]-⸢nu⸣-uz[-
5' [ ]x[

Nummer 60 (172/v)

CTH: 470
Datierung: jh.
Anschlüsse: -
Duplikate: -
Bearbeitung: -

x+1 [ ]x[
2' [ ]x-pí-i̯a-aš-š[a-
3' [ ]x-a-an te-e-m[i
4' [-]še-en an-da [
5' [ ]x-an-ta ⸢te⸣-x[
6' [ ]x x[

Nummer 61 (173/v)

CTH: 470
Datierung: jh.
Anschlüsse: -
Duplikate: -
Bearbeitung: 7' H. Tischler, HEG III 14

x+1 [pé]-⸢e-da-a-i⸣ [
2' [A]D.KID ḫu-u-x[

3’ [ ] KU$_6^{ḪI.A}$ ḪÁD.⸢DU.A⸣ [
4’ [ ]x UZU ḪÁD.D[U.A

5’ [ ]x-AḪ-ḫi nu a-ra-aḫ-z[a
6’ [DING]IR^{LIM} lam-ni-an-⸢zi⸣ [
7’ [ ]x ta-ḫa-ra-⸢a-uš⸣ an-x[
8’ [ ] ar-ḫa-i̯a-an iš-x[
9’ [ ]x-i̯a *A*-⸢*NA*⸣ x[
10’ [ ]x x[

Nummer 62 (183/v)

CTH: 470
Datierung: jh.
Anschlüsse: -
Duplikate: -
Bearbeitung: -

x+1 ⸢nu⸣ x x[
2’ nu-u̯a-ra-x[
3’ ^{GIŠ}BANŠU[R
4’ ú-u̯a-an-x[

5’ x x x[

Nummer 63 (193/v)

CTH: 470
Datierung: jh.
Anschlüsse: -
Duplikate: -
Bearbeitung: -

x+1 [-u]š [
2’ [ ]x-⸢it⸣ x[
3’ [l]a-a-la-an [
4’ [-a]n i-e [-
5’ [ ]-⸢a⸣-i [ ]

6’ [ ]x x[

Nummer 64 (210/v)

CTH: 470
Datierung: jh.
Anschlüsse: -
Duplikate: -[94]
Bearbeitung: -

x+1 [ ]x x[
2' [ ]x im-ma [
3' [ ] ⸢*ŠA*⸣ I GÍN[.GÍN

4' [*S*]*A*$_x$-*A-TÙ* tar-pa-tar-p[a-
5' [ ] ⸢u̯a⸣-ak-šur LÀL III ⸢pu-u⸣-t[i-iš MUN (?)

Nummer 65 (229/v)

CTH: 470
Datierung: jh.
Anschlüsse: -
Duplikate: -
Bearbeitung: 7(') E. Neu, StBoT 5, p. 122

x+1 [ ]x x[
2' [ ]x[-l]i-⸢ta⸣ [
3' [ ]x[ ]x ki-i[t-
4' [ ]x[ ]x-⸢uk⸣-ma-an [
5' [ ]x-da-aš u̯a-ke-⸢eš⸣-[

6' [ ]x[ ]x an-da-an [
7' [n]a-a-iš-ḫu-ut ⸢ka⸣-[
8' [ ]x-⸢li⸣-it ZI GIDIM [
9' [$^{LÚ.ME}$]^{Š}⸢SIMUG⸣.A-ma GIM-an x[
10' [-]da *QA-TAM-MA* mi-i-nu-x[

11' [ ] ⸢LÀL⸣ ki-it-ta nu [
12' [ ]x EN.SISKUR IGI-an-d[a

94 Zu Zz. 3'-5' vgl. KBo 47.266 + KUB 35.136 + KBo 30.180 + KBo 29.209 + KBo 43.219 Vs. I 5'-6' mit Duplikaten KBo 9.93 (+), I 6'-9', und KUB 35.135 (+), I 3'-6'. Der fragmentarische Zustand des Textes erlaubt keine Entscheidung, ob es sich dabei um ein weiteres Duplikat zu den angesprochenen Texten handelt.

13’ [ ]x-iš ki-it[-
14’ [Z]I-*ŠU*[
15’ [ ]x x x[

Nummer 66 (234/v)[95]

CTH: 470
Datierung: jh.
Anschlüsse: -
Duplikate: -
Bearbeitung: -

x+1 [ ]x x[
2’ [p]a-a-i ma-a-a[n
3’ [ ]x še-eš-zi n[a-
4’ [-m]a pé-⸢eš⸣-š[i-i̯a-
5’ [ ]x x[

Nummer 67 (259/v)

CTH: 470
Datierung: jh.
Anschlüsse: -
Duplikate: -
Bearbeitung: -

x+1 [-z]i [
2’ [-]u̯a-iz-z[i
3’ [t]a-a-an ut-x[

4’ [ ]x-za ku-i-e-eš u[n-
5’ [ ]x-u-u̯a-an-zi a[-
6’ [(-)t]i-i̯a-u-u̯a-⸢an⸣[(-)
7’ [-e]š-ki-mi [
8’ [ ]x[

Nummer 68 (1988/u)

CTH: 475 (?)
Datierung: jh.

95 Bei S. Košak, Konkordanz 1.6, sub 234/v, ist die Editionsangabe zu KBo 34.66 verschrieben.

Anschlüsse: -
Duplikate: -
Bearbeitung: -

lk.Kol.
x+1 [ ]x

r.Kol.
x+1 [ ]x x[
2' ⸢Ù⸣ *A*-⸢*NA*⸣ [
3' UD.II^{KAM} [

4' lu-uk-kat-ti[-ma
5' DINGIR^{LIM}-ni x[
6' ši-ip-pa-an-x[
7' še-ḫe-el-li[-
8' še-ḫe-el-l[i-

9' lu-⸢uk-kat⸣-t[i-ma
10' x[

Nummer 69 (1821/u)

CTH: 483
Datierung: mh.
Anschlüsse: + KBo 58.55[96] (+) Bo 7802 + Bo 7803[97]
Duplikate: KUB 15.34 + Bo 8027; KUB 15.33a + KUB 15.33b + KUB 58.76 + KUB 15.38 + IBoT 4.33 + KBo 60.80 + Bo 4677 + Bo 8464 Vs. I 19'-21' (//Rs.$^{?}$ IV 8'-10'); KUB 34.73 (+) KBo 34.90 + KBo 38.198[98] x+1-8' (//Rs.$^{?}$ IV 2'-10'); KBo 8.70; KBo 47.37; KUB 34.59; KBo 13.126 (+) KBo 48.14[99] Rs. III 17'-20' (//Vs.$^{?}$ I 5-7); FHG 4; KUB 13.29 + Bo 3444 + Bo 3616 (+) KBo 52.82 (+) KBo 58.57 (+) 787/z Vs.$^{?}$ I 6-16 (//Vs.$^{?}$ I 5-13), Rs.$^{?}$ IV x+1-4' (//Rs.$^{?}$ IV 8'-10')[100]; KBo 9.102; KBo 38.197; KBo 53.45 + KUB 60.151

---

96 Bei J.L. Miller, ZA 98 (2008), p. 135 oben, ist 295/w (= KBo 58.55) zu 295/u verdruckt.

97 Vgl. dazu jetzt J.L. Miller, KBo 58, p. VI (sub Nr. 55), und id., ZA 98 (2008), p. 135-136, mit Veröffentlichung des Textes von Bo 7802+ Bo 7803. Der indirekte Anschluß an KUB 15.34, der in der Autographie von KBo 54.69 angezeigt ist, ist demnach aufzugeben.

98 Teilstück KUB 34.73.

99 Teilstück KBo 13.126.

100 Text bei J.L. Miller, ZA 98 (2008), p. 133-134.

Bearbeitung: J.L. Miller, ZA 98 (2008), p. 135-137 m.Anm. 107; J.L. Miller, KBo 58, p. VI (sub Nr. 55)[101]

Vs.?[102] I

---

x+1(= 5) ⸢EGIR-*ŠU*⸣-ma ták-na-a-az ḫu-it-ti[-i̯a-an-zi nu I ^{GIŠ}BANŠUR] ti-an-zi *PA-NI* ^{GIŠ}BANŠUR-ma

2'(= 6) a-⸢pí-ša ki⸣-nu-an-zi na-aš-⸢ta⸣ a-a[-pí-ta an-da GEŠTIN] Ì.DÙG.GA-i̯a la-a-ḫu-u̯a-an-zi

3'(= 7) na-aš-⸢ta⸣ ^{GIŠ}KUN$_5$ KÙ.BABBAR an-⸢da⸣ t[ar-na-an-zi ta-p]u-ú-ša-ma-kán

4'(= 8) an-da ⸢*TU*⸣-*DI-IT-TUM* KÙ.BABBAR k[at-ta ti-an-zi nam-ma-kán VII ḫ]a-az-zi-zi-ta KÙ.BA[BBAR]

5'(= 9) kat-ta kán-⸢kán^{an}⸣ še-r[a-aš-ša-an *IŠ-TU* I NINDA.GUR$_4$.R]A *ŠA* ½ *UP-NI* iš-tap-pa[-a]n

6'(= 10) iš-tar-na-ma[-aš-kán ḫa-at-ta-an-zi nam-ma-aš-ša-an] I ^{GIŠ}AL KÙ.BABBAR I ^{GIŠ}MA[R K]Ù.BABBAR

7'(= 11) I GÍN KÙ.BABBA[R ^{LÚ}AZU ^{GIŠ}AL da-a-i] nu a-a-pí-ša-aš IM-a[n

8'(= 12) [*I*]*Š-TU* ⸢É⸣ [... ^{GIŠ}MAR-i̯a-li *ŠA* ...]x-i̯a-aš ud-da-⸢a⸣-[ar

9'(= 13) [ ]x[da-a-i nu a-pí-ša x -z]i na-aš-t[a

Rs.? IV

2' [K]U[R]-⸢e⸣-a[z ḫu-u-ma-an-da-za ku-u̯a-pí im-ma ku-u̯a-pí

3' ki-nu-na E[GIR-pa *I-NA* KUR ^{URU}*ḪA-AT-TI* ú-u̯a-at-tén]

4' ma-a-an-ma-kán [i-da-lu-uš ku-iš-ki an-tu-ri-i̯a-aš

5' na-aš-ma LÚ KUR ^{URU}[*ḪA-AT-TI* an-tu-ri-i̯a-aš a-...

6' na-aš-ma pa-an-ku-n[a-aš ku-iš-ki i-da-lu-uš an-tu-ri-i̯a-aš ar-ḫa]

7' tal-li-i̯a-an [šu-ma-ša-an a-pé-e-el pár-ni an-da ú-u̯a-at-tén

---

101 Vgl. V. Haas/G. Wilhelm, AOATS 3, p. 182ff. Literatur zur Tafel insgesamt bei S. Košak, Konkordanz 1.6, sub 1821/u.

102 Zur Seitenbestimmung vgl. J.L. Miller, ZA 98 (2008), p. 135. Es stellt sich allerdings die Frage, ob die Tafel nicht einfach entgegen dem üblichen Usus beschrieben war wie z.B. die meisten Texte des *ḫišuu̯a*-Festes; für die Seitenbestimmnung ist letztlich einzig die inhaltlich logische Textabfolge, nicht ein äußeres Kriterium wie die Charakteristik der Tafel, deren Evidenz allenthalben eine Hilfe bei der Seitenbestimmung sein, doch allein für sich keinen Entscheid liefern kann, maßgeblich. Eine definitive Antwort auf diese Frage kann aber nur im Rahmen einer Gesamtbearbeitung der Textgruppe erfolgen.

8’ ú-i-i̯a-⸢an⸣ x[nu-uš-ma-aš ...[103] a-pa-a-aš]
9’ i-⸢da-a⸣-l[a-u̯a-an-ni ḫu-u̯a-ap-pa-na-an-ni
10’ ⸢ú-i⸣-e-iš-k[i-it an-ni-iš-ki-id-du]

Nummer 70 (71/v)

CTH: 484
Datierung: jh.
Anschlüsse: + KUB 15.32 + Bo 4170 + KBo 51.93 + KBo 52.83 + 1321/u
Duplikate: KUB 15.31 Rs. III 30-34 (//Rs. III y+1-5”), Rs. IV 29’-35’ (//Rs. IV 59-63)
Bearbeitung: V. Haas/G. Wilhelm, AOATS 3, p. 148ff.; V. Haas et al., ChS I/9, Nr. 8.11; D. Groddek, AoF 27 (2000), p. 360 (Nr. 92); (III) 2(’).3(’) V. Haas/ G. Wilhelm, AOATS 3, p. 352[104]

Rs. III
y+1 x[ ]x[ḫa-a-zi-zi-i̯a ú-ni-ḫi-i̯a I MUŠEN-ma]
2” da-a-⸢bi⸣-[ḫi-]i̯a ša-ta-an-ti-i̯a
3” a-ša-ap-š[i-i̯a I MUŠEN-ma da-a-ti-i̯a du-pu-ur-pu-ri-i̯a XII MUŠEN-ma -i̯a]
4” I SILA$_4$-ma [a-na-ni-eš-ḫi-i̯a
5” x[ ]x[I SILA$_4$-ma e-nu-ma-aš-ši-i̯a

Rs. IV
59 [nam-ma ki-iš-ḫi-i̯a a-ta-ni-i̯a *Š*]*A* DINGIR^{MEŠ} *A-NA* ⸢DINGIR⸣.MA[Ḫ^{M}]^{EŠ}
60 [I SILA$_4$ an-tu-uḫ-ša <-aš> RA[105] DINGIR.MAḪ^{MEŠ}-]aš *A-NA* ^{DINGIR}Zu-u[k-ki] ^{DINGIR}An-zi-li
61 [I UDU nam-ma pé-ra-an ar-ḫa u̯a-]ar-nu-ma-aš MUŠEN$^{\text{ḪI.A}}$ u̯a-⸢ar⸣-nu-an-zi
62 [I MUŠEN e-nu-ma-aš-ši-i-i̯a II MUŠEN še-er-]te-ḫi-i̯a še-ra-bi-ḫi-i̯a ⸢I⸣ MUŠEN-ma
63 [a-lu-um-ba-az-ḫi-i̯a I MUŠEN-ma] ⸢ni-eš-ḫi-i̯a I SILA$_4$-ma zu⸣-[z]u-⸢ma-ki⸣-i̯[a]

---

103 Die Reste in Bo 3444 +, Rs.$^{?}$ IV x+1, siehe J.L. Miller, ZA 98 (2008), p. 134, sind in der Lesung zu unsicher, um hier berücksichtigt zu werden.
104 Weitere Literatur zur Tafel insgesamt bei S. Košak, Konkordanz 1.6, sub 357/u.
105 Mit V. Haas/G. Wilhelm, AOATS 3, p. 170, wohl zu NÍ$^{!}$.[TE-aš zu emendieren.

Nummer 71 (1864/u + Bo 2457)

CTH: 492
Datierung: jh.
Anschlüsse: + KUB 17.20 + Bo 3814 + Bo 3976 (+) IBoT 3.83
Duplikate: KUB 45.28 + KUB 47.59 + KUB 39.97 (+) KUB 60.153 (+) IBoT 2.119 (+) KBo 13.193 (+) KBo 51.101 (+) 1516/u (+) 270/w (+) KBo 22.233 (+) KBo 54.72 Vs. 1 (//Vs. I 1-2)
Bearbeitung: H. Otten/C. Rüster, ZA 68 (1978), p. 154-155 (Nr. 56); V. Haas, HbOr I/15, p. 905 Anm. 169; 1 H. Berman, Diss., p. 99; I 1-24 J.L. Miller, ZA 98 (2008), p. 235-236[106]

Vs. I

1 [*UM-MA* LUGAL.GAL ma-a-an-za UN-aš] dam-me-el *AŠ-RU*[107]

2 [dam-me-li-in URU-an e-ša-ri nu kiš-an i-i̯]a-an-zi

Nummer 72 (50/v)

CTH: 492
Datierung: jh.
Anschlüsse: (+) KUB 45.28 + KUB 47.59 + KUB 39.97 (+) KUB 60.153[108] (+) IBoT 2.119 (+) KBo 13.193 (+) KBo 51.101 (+) 1516/u (+) 270/w (+) KBo 22.233[109]
Duplikate: KUB 17.20 + Bo 3814 + Bo 3976 + KBo 54.71 (+) IBoT 3.83 Vs. II 1-3 (//8'-9')
Bearbeitung: D. Groddek, DBH 20, p. 157; 4' RGTC 6, p. 539.540.554; 4' M. Nakamura, PIHANS 94, p. 186; 5' RGTC 6, p. 540[110]

x+1 [ ]x ⌜e⌝-x[

2' [EGIR-*ŠU*-ma (?) ^{DINGIR}*DAM-KI-NA*! e-eš-zi EGIR-*ŠU*-ma (?)] ^{DINGIR}Pí-ti-e[n-ḫi e-e]š-zi E[GIR-*ŠU*-ma ^{DINGIR}Iš-kal-li ku-ut-ru-aš e-eš-zi]

3' [EGIR*ŠU*-ma (?) ^{DINGIR}I-la-ru-u̯]a ⌜e-eš⌝-z[i EGIR-*ŠU*-ma (?) ^{DINGIR}Ḫi-la-aš-ši] e-eš-zi p[é-ra-]an-ma-aš-š[i mi-nu-mar e-eš-zi]

---

106 Literatur zur Tafel insgesamt bei S. Košak, Konkordanz, sub 1864/u.

107 Die Klammernsetzung bei J.L. Miller, ZA 98 (2008), p. 235, am Ende der Zz. Vs. I 1 & 2 ist zu streichen, da die Tafel bis zum Kolumnentrenner (unbeschrieben) erhalten ist, siehe die Autographie in KBo 54.71, zudem nach Ausweis des Duplikates der Text von Vs. I 1 Ende nach Vs. I 2 Anfang ohne Lücke fortlaufend ist.

108 Vgl. die Umschrift bei D. Groddek, DBH 20, p. 157-158.

109 Vgl. die Umschrift bei D. Groddek, DBH 24, p. 223-224.

110 Weitere Literatur zur Tafel insgesamt bei S. Košak, Konkordanz 1.6, sub 62/u.

4’ [EGIR-*ŠU*-ma (?) A.AB.BA e-e]š-zi EGIR-*ŠU*-m[a ^{I_7}IDIGNA] ^{I_7}TÚL-ma-ri ^{I_7}Ma-a-ra-aš[-ša-an-ta ^{I_7}Šu-up-pí-lu-li-i̯a]

5’ [I$_7^{ḪI.A}$ *ŠA* KUR ^{URU}*ḪA-A*] *T-TI* ḫu-u-ma-an-t[e-eš -]a-aš ^{I_7}Mu-ra-an-ta I$_7^{ME}$[^{Š}

6’ [al-da-an-na-aš PÚ[111]$^{ḪI.}$]^{A} KUR-e-aš ḫu-u-ma-a[n-da-aš-š]a ^{DINGIR}Um-mu ne-ri-aš I$_7^{MEŠ}$ x[

7’ [ ] ⸢e⸣-eš-zi[112] EGIR-*ŠU*-ma ^{DINGI}[^{R} -l]i-i̯a-aš ta-li-na-ša e-eš-z[i

8’ [EGIR-*ŠU*-ma ^{DINGIR}Ḫu-mu-u-u]n-ni-iš e-eš-zi EGIR-⸢*ŠU*⸣-m[a ^{DINGIR}G]ul-šu-⸢uš!⸣ DINGIR.MAḪ$^{ḪI.A}$-uš a-š[a-an-zi]

9’ [gul[113]-aš-kán-zi ku-e-eš EGIR-*ŠU*-ma UD.SIG$_5$] ⸢e⸣-eš-zi EGIR-*ŠU*-ma in-na-r[a-u-u̯a-an-za DINGIR^{LIM}-i]š ⸢e⸣-e[š-zi]

Nummer 73 (1873/u + 902/v)

CTH:	495
Datierung:	jh.
Anschlüsse:	-
Duplikate:	KBo 17.32 + KBo 41.21 Vs. 13’-20’ (//x+1-14’)
Bearbeitung:	11’-12’(„7’-8’“) D. Groddek, IJDL 2 (2005), p. 16; 11’ („7’“) S. Alp, HBM, p. 336; 11’-12’ („7’-8’“) E. Neu, StBoT 5, p. 42; 12’ („8’“) E. Neu, StBoT 5, p. 41; D. Groddek, IJDL 2 (2005), p. 15

---

x+1 [-]kán ^{DINGIR}⸢*IŠTAR*⸣-an ⸢na⸣-[

2’ [ma-a-an-z]a PÚ-i PÚ-az ⸢e⸣-[ḫu]

3’ [ma-a-an-z]a ú-e-el-lu-i ú[-el-lu-u̯a-az e-ḫu]

4’ [ma-a-an-]za KASKAL^{MEŠ}-aš ḫa-at-ta[-re-eš-na-aš]

5’ [...-]li-i̯a-aš nu ar-ḫa ⸢e⸣-[ḫu nu ... *BE-EL* SÍSKUR e-ḫu

6’ [*Š*]*A* EN.SISKUR-za *ŠA A-BI-ŠU* [zi-ik]

7’ [*Š*]*A* É-*ŠU*-ma-za MUNUS.LUGAL-aš z[i-ik nu-uš-še ḫa-ra-a-tar]

8’ ar-ḫa da-a u̯a-aš-túl-ma-za x[GÌR$^{ḪI.A}$-*KA* da-a-i]

9’ na-at an-da u̯a-ra-ap š[a-a-an-...

10’ ták-šu-li-iš-ki-mi ḫu-u̯a-a[n- na-at-ta ḫa-an-da-a-iš-ka$_4$-mi]

11’ nu ša-a-an-za EGIR-pa [

---

111 Versuchsweise nach KUB 60.153 (+), Rs. 8’, ergänzt.

112 Zeichen PÍ.

113 GUL-° bei D. Groddek, DBH 24, p. 224, ist Versehen.

12’ ḫa-an-da-aḫ-ḫu-⸢ut⸣ [nu-uz-za e-ḫu *A-NA* SÍSKUR-*KA* še-er
13’ [n]u-mu-kán SISKUR [*IŠ-TU* II *QA-TI-KA* X-an-ti-it ka-lu-lu-pí-it]
14’ [ ]x x x[

Nummer 74 (1869/u)

CTH: 500
Datierung: jh.
Anschlüsse: -
Duplikate: - (Rs. r. 2’-3’ par. KBo 21.23 IV 7-9)
Bearbeitung: -

Rs. r.Kol.
x+1 x x x[ ]x x[
2’ pa-ra-a ⸢e⸣-ep-zi [
3’ še-e-ri u̯a$_{a}$-aḫ-x[
4’ *QA-DU* ^{UZU}x[

Rs. lk.Kol.
x+1 [ ]x x x

2’’ [ ]x

Nummer 75 (1857/u)

CTH: 500
Datierung: mh. (?)[114]
Anschlüsse: -
Duplikate: - (par. KBo 21.33 + KUB 32.49a + KBo 23.12 + KBo 24.66 + KUB 32.49b + KBo 35.77 I 18-27[115])
Bearbeitung: -

x+1 [ ]x x[
2’ [^{DUG}]a-aḫ-ru-u[š-ḫi-i̯a-az ^{GIŠ}ERIN ša-ra-a da-a-i na-aš-ta Ì.GIŠ]

---

114 S. Košak, Konkordanz 1.6, sub 1857/u, datiert das Fragment jh. AḪ (Z. 2’) hat einen Einzug des Wagerechten in den durch die drei Winkelhaken gebildeten Raum, TAR (Z. 4’) nimmt eine Sonderstellung ein, der Gebrochene ist schräg geneigt wie in der mh. Zeichenform, darunter steht aber kein Senkrechter, sondern ein schräger Keil ganz wie im jh. Leitzeichen. HZL hat die genaue Zeichenvariante nicht verbucht, am nächsten kommt noch HZL 7/9, wo sich allerdings unten ein Winkelhaken anfindet. Die anderen Zeichenformen sind nicht datierungsrelevant. So scheint eine eindeutige Entscheidung zu Gunsten oder Ungunsten einer der beiden Positionen mh. respektive jh. nicht möglich.

115 Vgl. die Umschrift bei M. Salvini/I. Wegner, ChS I/2, p. 41.

3’ [*A-N*]*A* ^{DUG}GAL *M*[*E-E* an-da za-ap-nu-zi]

4’ [nu] u̯a-a-tar *A-NA* D[INGIR^{LIM} me-na-aḫ-ḫa-an-da la-a-ḫu-i]
5’ [nu] ⸢*A*⸣-*NA BE-EL* SÍSK[UR me-na-aḫ-ḫa-an-da la-a-ḫu-i]
6’ [nu-uš-š]a-an ^{DUG}GAL *ME*[*-E* kat-ta *A-NA* ^{GIŠ}BANŠUR AD.KID da-a-i]

7’ [ ]x x[

Nummer 76 (1919/u)

CTH:	500
Datierung:	mh.
Anschlüsse:	-
Duplikate:	KBo 44.79[116] x+1[117]-6’ (//8’-13’)
Bearbeitung:	D. Groddek, BiOr 61 (2004), Sp. 352; H. Roszkowska-Mutschler, DBH 22, p. 66; 3(’) H. Otten, StBoT 13, p. 39 Anm. 67

x+1 [ ]x[
2’ [*KÀ-A*]*N-NU-UM* AD.K[ID
3’ [ ]x ar-ḫa pár-šu-ul[-la-iz-zi (?)
4’ [ ] ⸢*A-NA*⸣ *IN-BI*$^{HI.A}$ me-na-aḫ-ḫ[a-an-da

5’ [ ]x UDU$^{HI.A}$-i̯a-kán ku-i-uš x[
6’ [lu-]u-e-eš-ša da-an-zi I ^{UZU}x[
7’ [... ḫa-an-d]a-a-iz-zi na-⸢at⸣-kán ^{DUG}*K*[*U-KU-UB*
8’ [*IN-BI*$^{HI.A}$ me-na-a]ḫ-ḫa-an-da i-mi-i̯a-an-zi n[am-ma
9’ [-ti-in iš-t]a-a-pí še-ra-aš-ša-an I ^{U}[^{ZU}

10’ [ ]x x-pí É-ri iš-tar-na [pé-e-[118]
11’ [^{GIŠ}BANSUR A]D.KID da-a-i nu-uš-ša[-an
12’ [-p]í-in *ŠA* Ì.GIŠ x[...-i̯a[119] lu-e-eš-ša da-a-i
13’ [ ]x-⸢an⸣ [ ]x x x[...-zi *A-NA* ^{GIŠ}BANŠUR

---

116 Vgl. die Umschrift bei H. Roszkowska-Mutschler, DBH 22, p. 66-67.

117 So nach der irrigen Zeilenzählung der Autographie. Da in der Zeile vor x+1 noch ein Zeichenrest vorhanden ist, wäre statt x+1 eigentlich 2’ zu zählen.

118 Eventuell pé-e-di. pé-di$^{?}$ bei H. Roszkowska-Mutschler, DBH 22, p. 66, (KBo 44.79, 3’) will zu den Zeichenspuren nicht gut passen.

119 Möglicherweise *ŠA* Ì.GIŠ L[ÀL-i̯a.

Nummer 77 (118/v)

CTH: 500

Datierung: jh.

Anschlüsse: -

Duplikate: -

Bearbeitung: -

x+1 [ ]x[

2’ [ ] [

3’ [ ] DINGIR^{MEŠ} [

4’ [ ]x *PA-NI* [

5’ [^{M}]^{EŠ} am-ba-a[š-ši

6’ [-i̯]a ši-pa-an-t[i

7’ [d]a-a-i še-er-ma-aš-š[i(-)

8’ [ ]x-i̯a-aš-ša-an x[

9’ [ši-pa-]an-ti IX NINDA.SIG^{MEŠ} x[

10’ [ ] iš-ḫu-u̯a-i I-aš-x[

11’ [ ]x $^{\text{TU}_7}$ga-an-ga-ti an-da [

12’ [ḫ]u-u-ma-an-da KÙ.BABBAR GUŠKI[N

13’ [a]n-da iš-ḫu-u̯a-i nam-ma-k[án

14’ [u̯]a-al-ḫi Ì-an LÀL-it DUG x[

15’ [ši-pa(?)-a]n-ti nu ma-aḫ-ḫa-an x x[

16’ [ ]x pa-ri-i̯a-an [

17’ [ ]^{MEŠ} KA.GÌR^{M}[^{EŠ}

18’ [^{M}]^{EŠ} pár-aš-š[i-

19’ [ ]x x x[

Nummer 78 (119/v)

CTH: 500[120]

Datierung: mh. (?)

Anschlüsse: -

Duplikate: KBo 49.282 (+)$^{?}$ KUB 25.34 (Rs. III) 7’-14’ (//x+1-8’)

Bearbeitung: KBo 49, p. VI

---

120 Bzw. CTH 705, vgl. KBo 49, p. VI sub Nr. 282.

x+1 [ ]x nu-⌜uš⌝-š[a-an -i̯a-an-da ½ *UP-NI* iš-ḫu-u̯a-an
2' [ ]x-aš-ša-an an-d[a ... I u̯a-ak-šur LÀL I *NAM-MA-AN-DUM*
3' [G]EŠTIN I *UP-NU* MUN u̯a[-ar-nu-an-zi]

4' [*A-N*]*A* ^{DINGIR}IM I GU$_4$.MAḪ.NIGA XII UDU[$^{HI.A}$ ke-el-di-i̯a ... -i̯a ši-pa-an-ti]
5' [I UDU *A-NA* ^{DINGI}]^{R}⌜Ḫé⌝-pát pu-u-ru-ul-li-⌜bi⌝ [...[121]
6' [^{DINGIR}Še-r]i ^{DINGIR}Ḫu-ur-ri [
7' [ ]x ⌜I⌝ UDU *A-NA* ^{DIN}[^{GIR}
8' [ ]x e-⌜še⌝ [

Nummer 79 (1933/u)

CTH: 500
Datierung: jh.
Anschlüsse: -
Duplikate: -
Bearbeitung: -

lk.Kol.
x+1 [ ]x x

2'' [ ]x-ri

r.Kol.
x+1 [NINDA.S]IG ⌜*A*⌝-[*NA*
2' II NINDA.SIG *A-N*[*A* ^{DINGIR}Ḫu-te-na]
3' ^{DINGIR}Ḫu$^{!}$-te[-el-lu-ra

4' II NINDA.SIG ⌜*A*⌝-[*NA*
5' nu-uš-ša-a[n
6' ḫu-ul-li-x[

7' nu II NINDA.SIG x[
8' na-aš-ta ⌜te⌝-[
9' x x x[

---

121 Weiter Text nach dem Duplikate einzuarbeiten, wird hier verzichtet, da letztendlich nicht zu sichern ist, inwieweit der Text am Ende bzw. Anfang der Zeilen unterzubringen ist.

Nummer 80 (1939/u)

CTH: 500
Datierung: jh.
Anschlüsse: -
Duplikate: -
Bearbeitung: 3(') H. Berman, Diss., p. 98

x+1 [a]n[-d]a ḫa-ma-an-kán-zi
2' [-z]i nu-uš-ša-an ⌈u̯a⌉-a-tar
3' [^{GI}]^{Š}ERIN ^{GIŠ}pa-i-ni-ša
4' [ ] x x x⌈^{MEŠ}⌉-*ŠU*

Nummer 81 (58/v)

CTH: 500
Datierung: jh.
Anschlüsse: -
Duplikate: -
Bearbeitung: -

x+1 [*I*]*N*-⌈*BI*⌉ x[
2' [ ]x ⌈SÍSKUR ME⌉-a[n(-)
3' [ ]x [p]u[122]-ni-ḫi-i̯a x x x
4' [ ]x ⌈ar-ta⌉-nu-⌈ma⌉-aš-⌈ša⌉ ši-x-an

5' [ ]x ke-el-di-i̯a ši-pa-an-t[i]
6' [ ]x x a-da-an-du-ma-az {Ras.} kat-ti[-
7' [ ]x-ga-a-u-u̯a-aš-ša DINGIR^{MEŠ} ^{DINGIR}Gu[l-
8' [ ]x-u̯a-aš-ša ú-e-te-na-an-za [
9' [ ] -du [ ]

10' [ ]x x[

Nummer 82 (117/v)

CTH: 500
Datierung: mh.
Anschlüsse: -

---

122 Nochmalige Photokollation läßt noch ganz schwach das Ende des Wagerechten von PU erahnen, nach dem ersten der Abstriche der drei Winkelhaken ist entgegen der Autographie ein Spatium anzusetzen, die Natur dieses ersten minimalsten Zeichenrestes ist schwer bestimmbar.

Duplikate: -
Bearbeitung: -

Vs.

1 [ ]x-ni x x x x KAŠ ⸢iš⸣-t[a-

2 [^{DING}]^{IR}Ḫa-ša-am-⸢mi⸣-li I-*ŠU* ⸢lu-ut⸣-[ti-i̯a I-*ŠU*

3 [^{P}]^{Ú}Ku-u̯a-an-na-ni-i̯a an-da I-*Š*[*U*

---

4 [$^{\text{LÚ.}}$]^{MEŠ}A.ZU⸢*TIM*⸣ DINGIR^{MEŠ} lu-ut-ti[-

5 [ ] na-aš-ša-an EGIR-pa i[š-

6 [^{UZ}]^{U}šu-up-pa ⸢ḫu-i⸣-šu *ŠA* [

7 [-e]n SAG.⸢DU⸣ [G]ÌR$^{\text{ḪI.A}}$ [

8 [ ] ⸢ša⸣-[

Nummer 83 (169/v)

CTH: 500
Datierung: jh.
Anschlüsse: -
Duplikate: -
Bearbeitung: -

Vs.?

x+1 [ ]x ma-⸢aḫ⸣-ḫ[a-an

2’ [n]a-at {Ras.} [

3’ [n]a-aš-ta x[

4’ a-še-ša-an[-zi

5’ ^{GIŠ}la-aḫ-ḫu-u-r[a-

6’ [ ]x x x x[

7’ [ ]x x[

8’’ [ ] i-i̯a-an-x[

Rs.?

x+1 VII DINGIR^{MEŠ}.MUNUS$^{\text{ME[Š}}$

2’ ḫa-li-iš[-

3’ ⸢^{DINGIR}A-dam⸣-m[a

4’ TÚG x[

5’ TÚG x[

lk.Rd.

1 [S]ÍSKUR x[ ] x x[
2 [ ] ⌈ku⌉-e [ ]x x[
3 [ ]x-⌈it⌉ ú[-
4 [ ]x nu [

Nummer 84 (251/v)

CTH: 500[123]
Datierung: jh.
Anschlüsse: -
Duplikate: -
Bearbeitung: -

x+1 [ ]x ⌈UD⌉^{KAM}-az [
2’ [ ]x me-ḫur še-ḫe-⌈el⌉-l[i-i̯a-
3’ [ ] da-an-zi [ ]

4’ [ ]x I GÍN KÙ.BABBAR I G[ADA IGI$^{HI.A}$-aš
5’ [^{SÍG}k]i-iš-ri-iš BABBAR [
6’ [SÍG] SA_5 I x[
7’ [ ] na-aš x[
8’ [ ]x x[

Nummer 85a (247/v)

CTH: 824
Datierung: jh.
Anschlüsse: (+) KBo 54.85b
Duplikate: -
Bearbeitung: Vs. 18’[124] H. Otten, StBoT Beiheft 1, p. 39 Anm. 48; M. Forlanini, Eothen 16, p. 157; D. Groddek, DBH 24, p. 230 Anm. 532; II 15’-19’ M. Forlanini, Eothen 16, p. 183 Anm. 90

Vs.$^{?}$ II

x+1 [ḫa-az-zi-u̯a-a]š I M[ÁŠ.GAL ku-na-an-na-aš]
2’ [I DUG.KA.GAG XII NINDA.GUR_4.RA$^{HI.}$]^{A} pí-a[n-zi
3’ [ ]x še-eš-k[i-iz-zi

---

123 Vgl. CTH 475.
124 Als Rs. 18’ zitiert.

4’ [^{URU}... -az-ma-aš ^{URU}Ša]-⸢a-ru⸣-um-mi-i[š-ta pa-iz-zi]
5’ [nu ^{URU}Ša-a-ru-um-]mi-i[š-ta L]Ú^{MEŠ} $^{⸢GIŠ⸣}$TUKUL GÍD.DA [
6’ [ḫa-az-z]i-u̯a-aš x I MÁŠ.GAL ku-na-an-na-aš I[
7’ [ ] XII NINDA.GUR$_4$.RA$^{ḪI.A}$ pí-an-zi na-aš [
8’ [še-eš(?)-z]i $^{⸢URU⸣}$Ša-a-ru-um-mi-iš-⸢ta⸣-a[z-ma-aš]
9’ [^{URU}U̯a-l]i-in-na pa-iz-zi nu ta[-
10’ [ ]x-la-aš XII NINDA.GUR$_4$.RA$^{ḪI.A}$ LÚ^{M}[$^{EŠ\ GIŠ}$TUKUL GÍD.DA]
11’ [pí-an-zi] na-aš ^{URU}U̯a-li-in-na [še-eš-zi]

12’ [^{URU}U̯a-li-in]-na-⸢az⸣-ma-aš a-li-i̯a-n[a-
13’ [ ] nu ^{URU}Ta-pu-ug-ga-aš-t[a-
14’ [ḫa]-⸢az⸣-zi-u̯a-aš I MÁŠ.GAL ku-na-a[n-na-aš
15’ [LÚ$^{MEŠ\ GIŠ}$TUKUL G]ÍD.DA[125] pí-an-zi ^{URU}⸢Ta⸣-pu[-ug-ga-aš-ta-
16’ [^{URU}A-ra-a]m-pa še-e-eš-zi nu ^{URU}A-⸢ra⸣-[am-pa
17’ [ḫa-az-zi-u̯]a-aš[126] I MÁŠ.GAL ku-na-an-na-aš I D[UG[127].KA.GAG]
18’ [XII NINDA.GUR$_4$.RA^{Ḫ}]$^{I.A}$ LÚ$^{MEŠ\ GIŠ}$TUKUL GÍD.DA pí-an [-zi]
19’ [^{URU}A-ra-a]m-pa-az-ma-aš ^{URU}Ša-aš-⸢ša⸣-an-da p[a-iz-zi]

20’ [^{URU}Ša-aš-š]a-an-da I DUG.⸢KA⸣.GAG XII NINDA.GUR$_4$.RA[$^{ḪI.A}$
21’ [ḫa-az-z]i-u̯a-aš I MÁŠ.GAL ku-⸢na⸣-an-na[-aš
22’ [LÚ$^{MEŠ\ GIŠ}$TUKUL GÍD.DA p]í-an-zi ^{URU}Ša-⸢ša⸣-an-t[a-az-ma-aš]
23’ [^{URU}...]x-an-ta pa-iz-zi n[u$^{?}$
24’ [ ]x ar-ḫa ap-pa-⸢an⸣-[
25’ [ ]x šu-⸢up⸣-pa ⸢i⸣-[
26’ [ ]x[

Rs.$^{?}$ III
x+1 [ ]-na-[
2’ [-z]i [
3’ [ ]x-zi |
4’ [ ]x x ⸢I⸣ MÁŠ.GAL x[
5’ [-z]i ši-pa-an-⸢ta⸣-[an-zi

---

125 Zur Erg. vgl. etwa Vs. II 5’. Die abweichende Ergänzung [... LÚ^{MEŠ} ... ^{URU}Ta-pu-ug-g]a-aš-ta – wenn schon so, müßte es °-g]a-aš-da sein – bei M. Forlanini, Eothen 16, p. 183 Anm. 90, überzeugt allein schon vom zur Verfügung stehenden Raume her nicht.

126 Nicht]ME-aš mit M. Forlanini, Eothen 16, p. 183 Anm. 90.

127 Kaum G[U$_4$$^{?}$ mit M. Forlanini, Eothen 16, p. 183 Anm. 90.

6’ [ ]x-aš ar-ḫa [
7’ [ ] MÁŠ.GAL-ma x[
8’ [ ] na-an a[r-

9’ [(-)]an-da-an[(-)
10’ [ ] $^{MUNUS.MEŠ}$l[i-
11’ [-e]š-šar[-še-et
12’ [ ] ⸢ša⸣-ra-a [
13’ [ ]x[

Nummer 85b (360/v)

CTH: 824
Datierung: jh.
Anschlüsse: (+) KBo 54.85a
Duplikate: -
Bearbeitung: D. Groddek, DBH 24, p. 230 Anm. 532; M. Forlanini, Eothen 16, p. 184 Anm. 92

x+1 [ ]x[
2’ [I] DU[G.K]A[.GAG
3’ [I MÁŠ.GAL ku-na-an-na-]aš XII NINDA.GUR$_4$.R[A$^{ḪI.A}$

4’ [ ]x x[ ] ⸢GAL⸣$^{ḪI.A}$ *I-NA* ^{URU}x[
5’ [-š]a-an-zi $^{⸢URU⸣}$U̯i$_5$-i̯a-nu-an-da-i̯[a
6’ [ ]x-⸢zi⸣ [ ]-⸢uš⸣-ši ḫu-u-ma-an x[

7’ [^{URU}U̯]i$_5^{!}$-i̯a-nu-u̯a-an-ta-az[-m]a-aš ^{URU}Ti-u̯[a-li-i̯a pa-iz-zi]
8’ [^{URU}]Ti-u̯a-li-i̯a I DUG.⸢KA⸣.GAG ⸢NAG⸣ [ḫa-az-zi-u̯a-aš]
9’ [I MÁŠ.GA]L ku-na-an-na-aš XII NINDA.GUR$_4$.RA$^{⸢ḪI⸣.A}$ LÚ[^{MEŠ} ^{GIŠ}TUKUL GÍD.DA pí-an-zi]

10’ [^{URU}Ti-u̯a-li-i̯]a-⸢az⸣-ma-aš $^{⸢URU⸣}$Ḫal-ta-ra [pa-iz-zi]
11’ [^{URU}Ḫal-ta-ra I D]UG.⸢KA⸣.GAG NAG I MÁŠ.GAL [ku-na-an-na-aš]
12’ [XII NINDA.GUR$_4$.RA$^{ḪI.A}$ LÚ^{MEŠ} ^{GIŠ}T]UKUL GÍD.DA pí-a[n-zi]

13’ [^{URU}Ḫal-ta-ra-az-ma-aš ^{URU}]Ša-i-u̯a-an-ta [pa-iz-zi]
14’ [^{URU}Ša-i-u̯a-an-ta I DU]G.KA.GAG NAG [
15’ [ ] pí-an-z[i]

16’ [ ]x x[

Nummer 86 (1830/u)

CTH: 530
Datierung: jh. (spät)
Anschlüsse: -
Duplikate: -
Bearbeitung: -

x+1 [ ]x-i̯a
2’ [ ]x-⸢ši-i̯a⸣-an-zi
3’ [ ]x^{MEŠ} ^{DINGIR}U ^{URU}⸢A⸣-tal-ḫa-zi
4’ [ ]x-ša-an-zi I ^{DUG}*KU-KU-UB*-i̯[a]

5’ [-i̯]a I ^{DUG}*KU-KU-UB*-i̯a

6’ [ ]x-⸢an-zi⸣

Nummer 87 (1851/u)

CTH: 530
Datierung: jh.
Anschlüsse: -
Duplikate: -
Bearbeitung: -

---

x+1 [ ]x-aš IX NINDA.ÉRIN^{MEŠ} [
2’ [ ]x-ḫu-ra-an-za X-iš [
3’ [ ]x I ⸢DUG⸣ GEŠTIN I DUG.⸢KA⸣.G[AG

4’ [ ]x-za II *PA* ZÌ.DA DUR$_5$
5’ [ ] I *PA* ZÌ.DA ḫar-ša-na![128]<-aš>
6’ [ ]x-ra-ši-an-na-aš
7’ [-]aš
8’ [še-ep-p]í-it I *PA* e-u-u̯a-an
9’ [ ]x-aš I *PA* ŠE zé-e-x[ ]x-aš

---

128 Zeichen NA$_4$.

10’ [ ] GÚ.SES I *PA* x[

11’ [ ] ⸢ZÍZ⸣ I *PA* MUN[U_8

12’ [ ]x-an-x[

Nummer 88 (1936/u)

CTH: 530

Datierung: jh. (spät)

Anschlüsse: -

Duplikate: - (Z. 6’ vgl. KUB 42.91 II 7[129])

Bearbeitung: -

x+1 [ ] ⸢URU⸣ x[

2’ [ ] SUM-an-z[i

3’ [ ] *IŠ-TU* ⸢É⸣ [

4’ [ ]x II *PA* ZÌ.DA [

5’ [K]Á ti-an-zi NINDA.GUR[$_4$.RA

6’ [ḫal-z]i-i̯a-ri GAL$^{ḪI!.A}$-kán [aš-nu-u̯a-an-zi

Nummer 89 (95/v)

CTH: 530

Datierung: jh.

Anschlüsse: -

Duplikate: -

Bearbeitung: -

x+1 [ ]x x x[

2’ [-] e-li [

3’ [ ] ^{URU}Ta-ḫur-pa [

4’ [ ]x ^{GIŠ}⸢MAR KÙ⸣.BABBAR [

5’ [-z]i ⸢IM⸣-an [

6’ [ ]x-⸢zi⸣ [

Nummer 90 (96/v)

CTH: 530

Datierung: jh.

Anschlüsse: -

Duplikate: -

129 Umschrift bei J. Hazenbos, CM 21, p. 112.

Bearbeitung: -

x+1 [ ] ḫar-š[i-
2' [ ]x-ú ša-x[
3' [ ] ⌜I⌝ DUG.⌜KA⌝.[GAG

4' [A]N.TAḪ.ŠUM^{S}[^{AR}
5' [ ]x III *PA* ZÌ[.DA

6' [^{URU}T]a-ḫur-pa-a-aš x[
7' [Z]Ì.DA II ⌜DUG⌝ [

8' [ ]x ḫu-x[
9' [ ]x[

Nummer 91 (108/v)

CTH: 530
Datierung: jh.
Anschlüsse: -
Duplikate: -
Bearbeitung: -

x+1 [ ]x x[
2' [ ]x$^{ḪI.A}$ x[
3' [ ] URUDU ^{URU}Ḫ[a-
4' [ ]x *I-NA* ⌜É⌝ [
5' [ ]x-ri I^{EN}[
6' [^{L}]^{Ú}BÁḪA[R

Nummer 92 (137/v)

CTH: 530
Datierung: jh.
Anschlüsse: -
Duplikate: -
Bearbeitung: -

x+1 [ ]x x[
2' [ ]x-aš x[

3’ [^{L}]^{Ú}DUB.S[AR

4’ [ ] e-eš-d[u

5’ [I]V NINDA.GUR$_4$.⌜RA⌝ *U*[$_4$-*MI*

6’ [ ]x x x[

Nummer 93 (166/v)

CTH: 824
Datierung: jh.
Anschlüsse: -
Duplikate: -
Bearbeitung: 5(’) H. Otten, RlA V 45, s.v. *Ikkuwanija*; D. Groddek, DBH 24, p. 230 A. 532

x+1 [NINDA.GUR$_4$.RA^{ḪI}(?)]$^{.⌜A?⌝}$ *ŠA* ⌜XII⌝ [*PA* ZÌ.DA ŠE (?)

2’ [ ]x-kán *IŠ-TU* M[U^{TI}

3’ [ ]x-ku-uš-šu-u̯a-an-⌜ta⌝-x[

4’ [ ] pé-eš-še -e -er [ ]

5’ [^{URU}... -a]z$^{!}$-ma-aš ^{URU}Ik-ku-u̯a-ni-i̯a pa[-iz-zi

6’ [ḫa-a]z-zi-ú-i *QA-TAM-MA*-pát da[-

7’ [ ]x-u̯a-ar-še-et *QA-TAM-MA*-pát [

8’ [ ]x-i̯a ⌜*IŠ-TU*⌝ MU^{TI} [

9’ [ ]x-ku-uš-šu-u̯a-an-da x[

10’ [^{URU}Ik-ku-u̯a-ni-i̯a-az-m]a-aš ^{URU}Ša-na-aḫ-ḫ[u-it-ta pa-iz-zi

11’ [ ] nu a-pí-i̯a-⌜i̯a⌝ [še-eš-zi (?)

12’ [-z]i x x[

Nummer 94 (185/v)

CTH: 530
Datierung: jh.
Anschlüsse: -
Duplikate: -
Bearbeitung: -

Vs.

x+1 [ ]x

2’ [ḫ]ar-kán-zi

3'' [ ]

4'' [ ] ⌜É⌝.DINGIR^{LIM} *IŠ-TU* É.GAL^{LIM}
5'' [n]u-za pé-tan$_{x}$ ḫ̮ar-zi

Rs.

---

x+1 [ ]
2' [ ]x
3' [ ]x-da-li-iš-ša-an-ti
4' [ ]x
5' [ ]x

Nummer 95 (196/v)

CTH: 530
Datierung: jh.
Anschlüsse: -
Duplikate: -
Bearbeitung: -

x+1 [ ]x x[
2' [ ]x $^{⌜MEŠ⌝}$ [

3' [ ] ⌜*IŠ*⌝-*TU* KI.LÁ [
4' [ ] *I*[*Š-T*]*U* É.DINGIR^{LIM} [

5' [ ]x XI GÍN ⌜GUŠKIN⌝ :ḫ̮u-u[-
6' [ ] a-pí-x ⌜GUŠKIN⌝ x-la-an[-
7' [ ] ⌜*IŠ-TU*⌝ É [
8' [ ]x[

Nummer 96 (214/v)

CTH: 824
Datierung: jh.
Anschlüsse: -

Duplikate: - (par. KBo 22.242 + KBo 52.225b (+) 529/t (+) KBo 52.225a[130] //KBo 54.240; Bo 84/1)
Bearbeitung: D. Groddek, DBH 24, p. 230 Anm. 532; (lk.) 10(') H. Berman, Diss., p. 75

lk.Kol.

x+1 [ ]x[131] pa-⸢iz-zi⸣ x[
2' [ ] NINDA.GUR$_4$.RA VI *PA* ZÌ.D[A ŠE (?)
3' [-a]r *QA-TAM-MA*-pát [ ]
4' [DUG.K]A.GAG I DUG KAŠ XII NINDA.GUR$_4$[.R]A
5' [Z]Ì.DA ŠE-ma *IŠ-TU* MU$^{KAM\text{-}TI}$
6' [ ]x-da *Ú-UL* pí-i-i̯a-an-zi

7' [ ] ⸢EGIR⸣-an [(-)]x[ ]x-i̯a-ri
8' [ ]x[ ]x-al[-]x pa-iz-zi
9' [ ]x x-na-al-x[ ] a-ri
10' [ ]x ka-ri-⸢im⸣-me [an-]da
11' [ ]x x x x x *QA-⸢TAM⸣-MA*
12' [ ]x-⸢zi⸣ [

r.Kol.

x+1 x[
2' x[
3' [ ]x[
3' x[

Nummer 97 (219/v)

CTH: 530
Datierung: jh. (spät)
Anschlüsse: -
Duplikate: -
Bearbeitung: -

r.Kol.

---

x+1 ma-a-an [

130 Vgl. Anm. 301.
131 Nach alter Grabungsumschrift stand hier noch ein heute verlorener Schlußsenkrechter.

2' TA ⌜É⌝ [
3' da-ni-nu-x[132][
4' ^{DINGIR}*ZA*-⌜*BA*$_4$⌝-*BA*$_4$[133] BAL-ti x[
5' šu-up-pa ḫ[u-e-šu-u̯a-az
6' TU$_7$.TU$_7$$^{HI.A}$ DÙ-x[
7' III DUG KAŠ [
8' ⌜III⌝ x[

Nummer 98 (252/v)

CTH: 561
Datierung: jh. (spät)
Anschlüsse: -
Duplikate: -
Bearbeitung: Vs. 3(') H. Berman, Diss., p. 197; Vs. 4' J. Tischler, HEG III 141; Rs. (x+)1 E. Neu, StBoT 5, p. 89

Vs.$^?$

---

x+1 [ ]x-x-i-kán GUB-ri[134] GAM-ma x x[
2' [ ] NU.SIG$_5$-du [

3' [ ]x GIM-an :ar-pu-u-u̯a-an-da nu-za x[
4' [ ] GAM-an ša-ak-ti SIG$_5$-r[u
5' [ ]x[

Rs.$^?$

---

x+1 [ ]x ki-kiš-ta-ri nu x x[
2' [ ] *ŠA* ^{URU}⌜Ne⌝-ri-ik-ka$_4$ x[

Nummer 99 (7/v + Bo 2651)

CTH: 569
Datierung: jh.
Anschlüsse: + KUB 16.41 + KUB 50.6 + KBo 52.101
Duplikate: -

---

132 Über Rasur.
133 Die beiden BA$_4$ über Rasur.
134 Oder DU-ri.

Bearbeitung: Th. van den Hout, DMOA 25, p. 163.188; H. Otten/C. Rüster, ZA 62 (1972), p. 106-107 (Nr. 8); Th.P.J. van den Hout, FS de Roos, p. 90; E. Neu, StBoT 5, p. 169; Th. van den Hout, StBoT 38, p. 316; Y. Sakuma, Diss., Bd. II, p. 718[135]

Rs. III

56 *A-NA* ^{m}⸢Úr⸣-ḫi-^{DINGIR}U-ub-ma ^{LÚ}*ṬE*$_4$[136]*-MU Ú-UL* ⸢u-i-i̯a-u-e-ni⸣
57 na-an ^{TÚG}še-ek-nu-un EGIR-pa *Ú-UL*-pát ⸢SUD⸣-u-e-ni
58 ma-a-an-ma-an-na-aš *ŠA* ^{m}Úr-ḫi-^{DINGIR}U-ub ⸢ḪUL-lu⸣ a-pé-ez
59 INIM-za DUḪ-ri ḪUL-lu-na-aš-kán É-ir-za pa-ra-a
60 ta-ru-up-ta-ri zi-la-du-u̯a-an-na-aš *ŠA* ^{m}Úr-ḫi-^{DINGIR}U-ub
61 ḪUL-u-an-za ^{TÚG}še-ek-nu-un EGIR-pa *Ú-UL* nam-ma SUD-i̯a-z[i]
62 [*I*]*Š*-⸢*TU*⸣ III ^{GIŠ}TUKUL SIG$_5$

---

63 [DUMU^{MEŠ} ^{m}Ú]r-ḫi-^{DINGIR}U-ub-za *IT-TI* ^{DINGIR}UTU^{ŠI} SISKUR ma-an-tal-li-i̯a
64 [BAL-an-zi m]a-a-an-ma-kán *A-NA* ^{DINGIR}UTU^{ŠI} ⸢ḪUL⸣-lu
65 [a-pé-ez (?) *Ú-U*]*L* ku-it-ki pé-e-da-an-zi ⸢*ŠA*⸣ III ^{GIŠ}⸢TUKUL⸣ S[IG$_5$]

Nummer 100 (10/v)

CTH: 569
Datierung: jh.
Anschlüsse: (+)$^{?}$ KUB 8.27 (+) Bo 7787
Duplikate: - (par. KBo 2.6 + KUB 18.51 (+) KBo 51.116[137] I 30'-37'[138])
Bearbeitung: Th. van den Hout, DMOA 25, p. 198; Th.P.J. van den Hout, FS de Roos, p. 90; 4' E. Rieken, StBoT 44, p. 482; 4' D. Groddek, IJDL 3 (2006), p. 118 Anm. 24

---

x+1 [ ]x-a-u-en E[ME
2' [DIN]GIR^{MEŠ} LUGAL^{UT-TI} pé[-an

---

135 Literatur zur Tafel insgesamt bei S. Košak, Konkordanz 1.6, sub 7/v.
136 ṬE bei Th. van den Hout, DMOA 25, p. 188, ist Versehen.
137 Siehe KBo 51, p. VI-VII (sub Nr. 116).
138 Da die Textverteilung auf Zeilenanfänge und -enden unsicher bleibt, werden hier nach dem Paralleltexte nur die Wortformen ergänzend ausgeschrieben, die zumindest partiell erhalten sind. Für den vollständigen Kontext siehe Th. van den Hout, DMOA 25, p. 198.

3' [^{GIŠ}DAG$^{\text{Ḫ]I.A}}$-i̯a pár-ku-nu-u̯a-⸢an⸣-[zi
4' [šar-ni-]ik-ze-el$^{\text{ḪI.A}}$ *Š*[*A*
5' [ti-an-z]i ku-it-ma *A-NA* G[IDIM
6' [ka]-⸢ni⸣-eš-ša-an-zi *IŠ-T*[*U*

Nummer 101 (1941/u)

CTH: 579
Datierung: jh.
Anschlüsse: -
Duplikate: -
Bearbeitung: -

Vs.
1 [ ] SAG.ME [NU.SIG$_5$][139]

---

2 [ ] *Ù ŠA* ^{m}An[[140]-
3 [*Ú-U*]*L* ⸢ku⸣-it-⸢ki⸣ [

Nummer 102 (1862/u)

CTH: 572
Datierung: jh. (spät)
Anschlüsse: -
Duplikate: -
Bearbeitung: -

---

x+1 [$^{\text{U]RU}}$Aš-šur-ma GAM <<x>> pé-eš-ši[-
2' [ ] ZA[G-tar] KASKAL-i̯a ME-aš [
3' [a]n-⸢da⸣ dam-ma-aš-ša[-an ḫar-zi[141]

139 Zur Ergänzung vgl. R.H. Beal, Magic, p. 61 m.Anm. 37 (Hinweis Y. Sakuma).
140 Bzw. $^{\text{m.DINGIR}}$[.
141 Vgl. A. Archi, OA 13 (1974), p. 129 (Hinweis Y. Sakuma).

Nummer 103 (1870/u)

CTH: 573
Datierung: jh.
Anschlüsse: -
Duplikate: -
Bearbeitung: I x+1-9’ Y. Sakuma, Diss., Bd. II, p. 513-514

Vs. I

x+1 ⸢*IŠ-TU*⸣ ^{LÚ}IGI.MUŠEN IR[$^{\textit{TUM}}$ *QA-TAM-MA*-pát]
2’ nu MUŠEN$^{\text{ḪI.A}}$ ar-ḫa pé[-eš-ši-i̯a-an-du]
3’ ⸢KA$_5$⸣.A$^!$-kán pé-an S[IG$_5$-za ú-it]
4’ na-aš II-an ar-ḫa p[a-it]
5’ TI$_8^{\text{MUŠEN}}$-ma-kán pé-a[n SIG$_5$-za (?) ú-it]
6’ na-aš II-an ar-⸢ḫa⸣ [pa-it]
7’ EGIR KASKAL$^{\textit{NI}}$ al-l[i-i̯a-aš]
8’ ⸢zi⸣-an ku-uš ⸢ú$^?$[142]⸣-[it
9’ [ ]x x[

Rs.

x+1 [ ]x[
2’ ⸢na$^?$⸣-[ ]x x[
3’ na-aš(-)x x[
4’ III [ ]x x[
5’ x x[
6’ na[-] ⸢an⸣-[ ]x[

---

lk.Rd.

1 [ ]x x x x[
2 [ ]x (-)an-ma (-)u̯a-x[
3 [ ]x DINGIR.MAḪ-i̯[a

Nummer 104 (1949/u)

CTH: 579
Datierung: jh.
Anschlüsse: -

---

142 Oder pa$^?$.

Duplikate: -
Bearbeitung: 2'-9' Y. Sakuma, Diss., Bd. II, p. 514-515

Vs.

x+1 [ ]x x x x ⸢u̯a⸣-aš-ku-i-⸢e⸣-eš [

2' ma-a-an ku-u-uš-pát u̯a-aš-ku-i-e-eš tar-x[

3' *PA-NI* DINGIR^{LIM} *Ú-UL* ku-iš-ki nu M[UŠEN$^{ḪI.A}$ ar-ḫa pé-eš-ši-i̯a-an-du ...[143]-kán]

4' EGIR UGU SIG$_5$-za ú-e-er nu-uš[-ma-aš EGIR-pa da-a-ir na-at-kán EGIR GAM ku-uš ú-e-er ...[144]]

5' zi-an ku-uš ú-it EGIR-az-m[a-kán[145]

6' ú-e-er nu-uš-ma-aš EGIR-pa d[a-a-ir na-at-kán ... ú-e-er nu-uš-ma-aš GAM-an]

7' ḫal$^{!}$[146]-u̯a-aš-ši-in tar-li$_{12}$-an ú-e[-mi-er

8' na-at an-da e-ri-ir n[a-at(-)[147]

9' na-aš II-an ar-ḫa[148] p[a-it[149]

10' *IŠ-TU* ^{LÚ}AZU IGI-z[i

11' [ ]x II x x[

lk.Rd.

1 [-i]š-ša *I-NA* ^{URU}An[-

2 [-]in a-ri-i̯a-še-eš-ša[r

3 [ ] ⸢ḫu⸣-u-ma-an-da-az II-an ma-x[

4 [z]i GAR-ri XII ^{ŠÀ}*TIR* SIG$_5$ [

---

143 An dieser Stelle hat ein Vogelname im Plural gestanden.

144 Hier ist ein Vogelname im Singular anzusetzen.

145 Für weitere Ergänzungsmöglichkeiten gegen Ende dieser Zeile siehe Y. Sakuma, Diss., Bd. II, p. 514.

146 Die Autographie ist an dieser Stelle zu korrigieren. Die Zeichenform ist ungewöhnlich, nach nochmaliger Photokollation liegt ein ungebrochener Wagerechter vor, unter dem, leicht nach rechts versetzt, ein zweites Zeichenelement zu erkennen ist, das auf den ersten Blick nach einem schrägen Keil aussieht, aber wohl nichts anderes denn der nach unten gerutschte und schräg verzogene zweite Keilkopf von ḪAL ist.

147 Zu weiteren Ergänzungen in dieser Zeile siehe Y. Sakuma, Diss., Bd. II, p. 515.

148 Der erste kleine Winkelhaken, der am Photo zu erkennen ist, fehlt in der Autographie.

149 Zur weiteren Ergänzung dieser Zeile siehe Y. Sakuma, Diss., Bd. II, p. 515.

Nummer 105 (188/v)

CTH: 573
Datierung: mh. (?)
Anschlüsse: -
Duplikate: - (vgl. KBo 58.82 + KUB 18.30 +, Vs. I x+1; KBo 58.83 + KUB 22.3 +,[150] Vs. I 8')
Bearbeitung: -

Vs.

x+1 [ ]x x[
2' ⌜u̯a⌝-ak-ka₄-ri IGI-zi-z[a

Rs.

1 ⌜I⌝ *EN* A.DA.GUR KÙ.BABBAR DINGIR U ⌜URU⌝[
2 *I-NA* URU Du-uš-ḫa-pa[-
3 *A-NA* m Ša-pí-n[u-u̯a-LÚ
4 *A-NA* II GAL KÙ.BABB[AR
5 ⌜I⌝ *EN* ḫa-pa-x[
6 ⌜*A*⌝-*NA* m⌜An⌝-[

Nummer 106 (4/v)

CTH: 577
Datierung: jh.
Anschlüsse: + KUB 22.29 (+)? KBo 58.96
Duplikate: KBo 22.264[151] (+) KUB 50.23[152] Vs. II x+1-11' (//Rs. IV 3'-13')
Bearbeitung: D. Groddek, DBH 24, unter Nr. 264; Y. Sakuma, AoF (Im Druck); I 2 E. Neu, StBoT 5, p. 41; (Vs.) 3-4 M. Forlanini, PIHANS 111, p. 74 Anm. 86[153]

---

150 KBo 58.82 + KUB 18.30 und KBo 58.83 + KUB 22.3 sind Teile einer Tafel, siehe S. Košak, HPMM 4, p. 3, sub 50/w; nach id., Konkordanz 1.6, sub 50/w, lautet die Fragmentzusammenstellung KBo 58.82 (+) KBo 58.83 (+) HFAC 76 (+) KUB 18.30 + KUB 22.3.

151 Vgl. die Umschrift bei D. Groddek, DBH 24, p. 252-256.

152 Teilstück KBo 22.264.

153 Literatur zur Tafel insgesamt bei S. Košak, Konkordanz 1.6, sub 4/v.

Vs. I

1 ⌜a⌝-ši ku-iš BAL GA[L] ⌜*A*⌝-*NA* KASKAL KUR Aš-šur
2 še-er ⌜SIxSÁ⌝-kit$_9$-ta-ri a-ši BAL GAL
3 ZAG KUR Dur-mi-it-ta ZAG KUR Tu-um-ma-an-n[a]
4 ⌜^{URU}⌝Pa-la-a DÙ-ri[154] nu KIN NU.SIG$_5$-du
5 SUD-li$_{12}$ ME-an na-at *A-NA* ^{LÚ}KÚR SUM-an
6 *INA* UD.II^{KAM} LÚ^{MEŠ} *ḪAT-TI*-⌜ma⌝-[aš] x x [ME-ir]
7 nu BÀD za-a-i[š
8 ⌜BÀD$^?$-i̯a⌝ [

Rs. IV

x+1 [GÙ]B-za R[A^{IṢ}

2’ ^{DINGIR}UTU^{ŠI}-kán ku-u̯a-p[í
3’ BAL-ta-aš nu SISKUR x x x[ša-ak-kat-ta-
4’ an-da DAB-an nu IGI-zi S[U^{MEŠ}
5’ IGI-zi SU^{MEŠ} ni ša -pu-ḫ[i-ta
6’ ši ša-pu$^!$-ḫi-ta ka-ru-ḫi-ta [
7’ zi GAR-ri XII ^{ŠÀ}*TIR*$_4$[155] SIG$_5$ E[GIR] x x ⌜NU.SIG$_5$⌝

8’ ^{DINGIR}U-kán ku-it ne-pí-ši ⌜ú$^?$-it$^?$ ma-a⌝-an-ma [LU]GAL KUR Aš-šur
9’ ⌜ZAG⌝^{ṬUM}[156] MU.IM.MA GIM-an ⌜*UL*⌝ za-a-iš ki-nu-na-i̯a-an *UL* za-a-i
10’ nu IGI-zi SU^{MEŠ} SIG$_5$-ru ⌜EGIR⌝-ma NU.SIG$_5$-du IGI-zi SU^{MEŠ}
11’ ni ši ḫa-a-ri pa-a-ni-i ⌜za⌝-ki-u-ri ú-la-e-da-aš
12’ KASKAL GÙB-za RA^{IṢ} XII ^{ŠÀ}⌜*TIR*$_4$⌝ SIG$_5$ EGIR *TE*^{MEŠ}
13’ ZÉ ḫi-li-⌜ip⌝-ši-ma-an

---

lk.Rd.

1 [nu KIN S]IG$_5$-ru
2 [ ]x ḫar-kán ME-aš
3 [*INA* UD.II^{KAM}] LÚ^{MEŠ} *ḪAT-TI*-ma-aš
4 [ME-aš nu BÀ]D za-a-iš

154 Anders (IR-ri) M. Forlanini, PIHANS 111, p. 74 Anm. 86.
155 Siehe D. Groddek, DBH 24, p. 254 Anm. 598.
156 ZAG^{TUM} bei D. Groddek, DBH 24, p. 254, ist fehlerhaft und entsprechend zu korrigieren.

5 [ ]x *INA* UD.III^{KAM}

Nummer 107 (1822/u)

CTH: 582
Datierung: jh.
Anschlüsse: -
Duplikate: -
Bearbeitung: -

x+1 [ ]x[ ]-⸢u̯a⸣
2’ [ ]x[157] ⸢ITU.II^{KAM} kar-ša⸣-an-za
3’ [ ] *Ú-UL* pé-eš-ga-u-e-ni
[ ]
4’ [ ]x-x-i̯a ME-aš nu-kán SUD-li_{12}
5’ [ ] $NU.SIG_5$[158]

Nummer 108 (1867/u)

CTH: 582
Datierung: jh.
Anschlüsse: -
Duplikate: -
Bearbeitung: -

---

x+1 [ ]-⸢zi⸣
2’ [-a]n da-ra-an [-zi]
3’ [ ] ⸢ma⸣-a-an DINGIR$^{!LUM}$
4’ [ ]x x d
5’ [ ]x SIG_5

6’ [ ]x pa-a-an-zi
7’ [p]í-an-zi na-aš-kán
8’ [-a]n$^?$ ⸢SISKUR pí⸣-an-zi
9’ [ma-a-an DINGIR^{LUM} *QA*-]*TAM-MA* ma-l[a-a-a]n ḫ̮[ar-t]i$^?$

---

157 Y. Sakuma (private Mitteilung) schlägt EZE]$N_4^?$ vor.

158 Der ungebrochene Senkrechte als vorletzter Bestandteil des Zeichens ist nach Photokollation zu streichen.

10' [nu MUŠEN *ḪUR-RI* (?) SIG_5-ru] NU.S[IG_5][159]

Nummer 109 (1868/u)

CTH: 579
Datierung: jh.
Anschlüsse: -
Duplikate: -
Bearbeitung: Vs. x+1-5' Y. Sakuma, Diss., Bd. II, p. 515-516

Vs.?

x+1 *IŠ-T*[*U* ^{LÚ}IGI.MUŠEN (?) IR^{TUM} *QA-TAM-MA*-pát (?) nu MUŠEN$^{ḪI.A}$ ...-an-du]
2' šal-u-u̯a[-i̯a-[160]
3' na-aš-ká[n
4' na-aš ⸢II⸣-[an ar-ḫa pa-it
5' tar-li_{12}-a[n

Rs.?

x+1 [ ]x x x[
2' u̯a-aš-ku-u[š
3' URU$^{DIDLI.ḪI.A}$ [
4' nu SU^{M}[^{EŠ}

5' *IŠ*-⸢*TU*⸣ [
6' ⸢a?⸣-[

Nummer 110 (1943/u)

CTH: 577
Datierung: jh. (spät)
Anschlüsse: + KBo 57.133 + KBo 58.85 + KUB 5.13 (+)? KUB 22.9
Duplikate: -
Bearbeitung: Y. Sakuma, Diss., Bd. II, p. 17-18, 723-724[161]

159 Ergänzung der Zz. 9'-10' nach einem Vorschlag von Y. Sakuma (private Mitteilung). Alternativ komme an Stelle eines MUŠEN *ḪUR-RI*-Orakels vom Platzbedarf her allenthalben noch ein SU-Orakel mit einer ganz kurzen Orakelbeschreibung in Frage.

160 Zu weiteren Ergänzungsmöglichkeiten siehe Y. Sakuma, Diss., Bd. II, p. 515.

161 Literatur zur Tafel insgesamt bei S. Košak, Konkordanz 1.6, sub 1943/u.

Vs.

x+1(= 12) [*I*]*Š*-⌈*TU*⌉ ^{MUNUS}ŠU.GI KI.MIN nu KIN NU.S[IG$_5$-du]
x x x[

2'(= 13) na-at-⌈kán DINGIR^{MEŠ}-ni⌉ x[NU.SIG$_5$][162]

3'(= 14) ma-a-an-za-kán DINGIR^{L}[^{UM} ŠÀ É.DINGIR^{LIM}

4'(= 15) KI.MIN nu IGI-zi MUŠEN *ḪU*[*R-RI* ... EGIR-ma ... IGI-zi ...
EGIR ...]

5'(= 16) nu-za DINGIR^{LUM} *IT-TI* GAL *ME-ŠE-D*[*I* TUKU.TUKU-u-an-za
nu MUŠEN *ḪUR-RI*

6'(= 17) ⌈*IŠ*⌉-*TU* ^{MUNUS}ŠU.GI KI.MIN nu [KIN

7'(= 18) ⌈kar⌉-pí-⌈in⌉-na ME-aš nu [

8'(= 19) ma-a-an-za-kán DINGIR^{LUM} Š[À É.DINGIR^{LIM}

9'(= 20) TUKU.TUKU-u-an-za KI.MIN [nu IGI-zi MUŠEN *HUR-RI* ...
EGIR-ma ...]

10'(= 21) IGI-zi NU.SIG$_5$ [EGIR SIG$_5$]

11'(= 22) ⌈*IŠ*⌉-*TU* ^{MUNUS}ŠU.GI K[I.MIN nu KIN

12'(= 23) [nu] *A-NA* DINGIR^{LIM} mar-š[a-aš-tar-

13'(= 24) ⌈*IŠ-TU*⌉ ^{MUNUS}ŠU.GI K[I.MIN nu KIN

14'(= 25) na-at-kán DINGIR^{MEŠ}-ni [

15'(= 26) ma-a-an-za-kán DINGIR^{LUM} [ŠÀ É.DINGIR^{LIM}

16'(= 27) mar-ša-aš-tar-ra zi-x[nu IGI-zi MUŠEN *ḪUR-RI*
SIG$_5$-ru]

17'(= 28) EGIR-ma NU.SIG$_5$-du I[GI-zi ... EGIR ...]

18'(= 29) nu-za DINGIR^{LUM} ḫar-kán-ti-x[

19'(= 30) [m]a-a-an-za-kán DING[IR^{LUM} ŠÀ É.DINGIR^{LIM}

162 Die Ergänzungen des Textes folgen Vorschlägen Y. Sakumas (private Mitteilung).

20'(= 31) [ ]x x[

Rs.

x+1(= 2') [ ] mi-nu-mar$^{ḪI.A!}$ x[
2'(= 3') [*I-N*]*A* UD.III^{KAM} DINGIR^{LUM}-z[a

3'(= 4') [*IŠ-T*]*U* ^{LÚ}ḪAL KI.MIN {Ras.} nu IGI[-zi SU^{MEŠ} ... EGIR-ma ...]
4'(= 5') IGI-zi SIG$_5$[163] EGI[R NU.SIG$_5$]

5'(= 6') IGI-an-da SAG.KI-za DAB-a[n-na(-)
6'(= 7') IGI-zi SU^{MEŠ} ni-eš[-kán ZAG-na[164] pé-eš-ši-i̯a-at EGIR]
7'(= 8') ši zi GAR-ri XI[I$^{?}$ ^{ŠÀ}*TIR*[165]

8'(= 9') É.DING[IR]x-i$^{?}$-š[i$^{?}$- *IŠ-TU*]
9'(= 10') ^{LÚ}ḪAL [G]IM-⸢an⸣ SIxSÁ-⸢at-ma$^{?}$⸣ x[
10'(= 11') ma-⸢a⸣-an-ma-aš-ši É.DINGIR^{LIM} x x-ma ⸢^{LÚ}⸣[
11'(= 12') mar-ša-aš-tar-ri-iš EME-i̯a *UL* nam-m[a
12'(= 13') nu M[USEN^{Ḫ}]$^{I.A}$ ar-ḫa pé-eš-ši-i̯a-an-du [...[166]-ká]n ⸢pé-an ku-uš⸣ [ú-it]
13'(= 14') n[a-aš-k]án pé-an ar-ḫa pa-it ḫar-ra-n[i-iš-ma(?)-k]án EGIR GAM ku-uš ⸢ú-it⸣
14'(= 15') n[a-aš] II-an ar-ḫa pa-it EGIR KASKAL^{NI} šal-u̯[i$_5$-ni-e]š zi-an ku-uš ú-it
15'(= 16') [T]I$_8$^{MUŠEN}-ma-kán EGIR GAM ku-uš ú-it na-a[š II-a]n ar-ḫa pa-it

Nummer 111 (1944/u)

CTH: 574
Datierung: jh.
Anschlüsse: + KUB 18.42[167]

---

163 Der Senkrechte am Bruche in KBo 54.110 Rs. 4' ist nach nochmaliger Photokollation ein Ausbruch der Tafeloberfläche in genau der Form eines Senkrechten. Statt dessen ist der Winkelhaken des Zeichenbeginns von SIG$_5$ auf einem von rechts ausgeleuchteten neuen Photo noch erkennbar.

164 Oder GÙB-la, Ergänzung mit Y. Sakuma (private Mitteilung).

165 Oder ^{ŠÀ}*TIR*$_4$.

166 Hier ist ein Vogelname anzusetzen.

167 Join Y. Sakuma, briefliche Mitteilung (24.11.2007).

Duplikate: -
Bearbeitung: Y. Sakuma, AoF (im Druck); Rs. 2 E. Neu, StBoT 5, p. 107[168]

Vs.

x+1 [-]za nu ⌜MUŠEN *ḪUR-RI* NU.SIG$_5$⌝-du NU.SIG$_5$

2’ [n]u IGI-iš MUŠEN *ḪUR*<*-RI*> SIG$_5$-ru
3’ [EGIR-ma NU.SIG$_5$-du IGI-iš N]U.SIG$_5$ EGIR SIG$_5$

4’ [pu-nu-uš-šu-u]-⌜en⌝ *UM-MA ŠU-NU*-ma
5’ [EZE]N$_4$.ITU DÙ-an-zi nu-u̯a *A-NA* ^{f}Kat-ti-iš-ḫa-pí[169]
6’ [ ]x ⌜^{f}[170]Am⌝-mi-na-i̯a-ma *ŠA* EZEN$_4$.ITU^{KAM}-i̯a
7’ [ ]x kar-aš-ša-an-za
8’ [nu MU]ŠEN *ḪUR-RI* NU.SIG$_5$-du NU.SIG$_5$

---

ob.Rd.

1 [nu MUŠEN *ḪUR-R*]*I* NU.SIG$_5$-du

Rs.

2 [nu IGI-iš MUŠEN *ḪUR-*]*RI* SIG$_5$-ru
3 [EGIR-ma NU.SIG$_5$-du IGI-iš NU.SIG$_5$ E]GIR$^{!}$[171] SIG$_5$

---

4 [ ]x x SIG$_5$

Nummer 112 (84/v)

CTH: 582
Datierung: jh.

---

168 Literatur zur Tafel insgesamt bei S. Košak, Konkordanz 1.6, sub 1944/u.

169 KBo 54, p. XXII (Index der GNN), ist der Beleg für Kattišḫapi nunmehr zu streichen. Zu Kattišḫapi als weiblichem Personennamen vgl. KBo 32.197 Rs. 11 (Name einer Königin aus mh. Zeit).

170 Vgl. ^{f}Am-mi-in-na-i̯a-aš KUB 14.4 IV 28.

171 Zeichen SIG$_5$.

Anschlüsse: -
Duplikate: -
Bearbeitung: -

Vs.

1 [ ] ^{DINGIR}UTU$^{\check{S}I}$ x[
2 [ ] ^{DINGIR}UTU$^{\check{S}I}$-m[a
3 [-]ši-iš-kit$_9$-ta[(-)[172]
4 [-a]n ḫar-zi nu I[GI-zi SU^{MEŠ}
5 [IGI-z]i SU^{MEŠ} ni ši k[e

Nummer 113 (87/v)

CTH: 574
Datierung: jh.
Anschlüsse: (+) KBo 52.102 (+) KUB 18.32 (+) 1114/v + Bo 3396
Duplikate: -
Bearbeitung: -[173]

---

x+1 [u̯a-]aš-ku-uš *ŠA* É.N[A$_4$ DINGIR^{LIM} (?)
2' [ ] x x GAR pí [-

Nummer 114 (362/v)

CTH: 582
Datierung: jh.
Anschlüsse: -
Duplikate: -
Bearbeitung: -

---

x+1 [ ] a-pa-a-at e-eš-x[

2' [ ]x da-ḫa-tal-la-u-u̯[a

3' [ ]x ma-la-a-an [ḫar-ti (?)

172 Bzw. -]ši-iš(-)kat-t[a(-).
173 Literatur zur Tafel insgesamt bei S. Košak, Konkordanz 1.6, sub 1096/u.

4' [l]e-e x x[

Nummer 115 (1865/u)

CTH: 590
Datierung: jh.
Anschlüsse: -
Duplikate: -
Bearbeitung: -

x+1 [URU]⌜A⌝-ri-⌜in⌝-[na
2' [ ] DINGIRUTU URUA-⌜ri⌝-[in-na
3' [GUŠ]KIN *ŠA* MA.NA [
4' [ ]x MA.NA up-pa-aḫ[-ḫi
5' [ ] x x x x x x [

Nummer 116 (43/v)

CTH: 590
Datierung: jh.
Anschlüsse: -
Duplikate: -
Bearbeitung: -

x+1 [ ]x x x x-⌜a-an⌝ x[

2' [ ]x-pu-u-u̯a da-a-iš [
3' [-]za XC-an pu-x[
4' [*Ú*]-⌜*UL*⌝ ku-e-da-ni-i[k-ki
5' [ ]x-⌜i⌝ ú-e-ku-u̯a-a[r

Nummer 117 (316/v + Bo 2372)

CTH: 591(/645?)
Datierung: jh.
Anschlüsse: + KUB 55.39[174]
Duplikate: - (par. KBo 47.241; Bo 6044; KBo 34.189; KUB 25.35)[175]

---

174 Siehe die Umschrift bei D. Groddek, DBH 4, p. 65-69.

175 Zusammenstellung mit KBo 47, p. VIII (sub Nr. 241); weitere Parallelen bei D. Groddek, DBH 4, p. 65.

Bearbeitung: D. Groddek, WO 38 (2008), 252; III 39 („Vs. 4“) H. Otten, RlA V 209 s.v. *Ištamanašša*[176]

Vs. II

x+1 [ ] TU$_7$$^{⸢\text{ḪI.A}⸣}$ [
2’ [ ]x-da-an-z[i
3’ [ ] XI NINDA.GUR$_4$.R[A
4’ [ ] ⸢da⸣-a-i nu L[UGAL-
5’ [^{UZ}]^{U}NÍG.⸢GIG⸣ x[
6’ [
7” x[

8” IV DUG x[

Rs. III

32 ^{DINGIR}IM-aš ^{DINGIR}I-na-ra-aš-mi[177]-iš LUGAL-uš *UŠ-KÉ-EN*

---

33 [ ]x LUGAL-i GAL-in pa-a-i
34 [^{DUG}*KU-*]*KU-UB* še-er šu-up-pí-i̯a-⸢aḫ⸣-ḫi-iš-⸢ki-iz⸣-zi
35 [pár-]ši-i̯a tu-uš *A-NA* ^{GIŠ}ŠEN x[ ]x
36 [z]i-ik-ki-iz-zi ši-pa-an-ti-ma [*Ú-U*]*L*

---

37 [^{DINGIR}IM-aš ^{DINGIR}I-na-r]a-aš-mi-iš ^{DINGIR}Da-ši-mi-iz [ ]
38 [^{DINGIR}Iš-ta-an]-⸢za⸣-aš-ša-aš ^{DINGIR}⸢Ša-ku⸣-u̯a-aš-š[a-aš]
39 [^{DINGIR}Ḫa-an-ta-aš-š]a-aš ^{DINGIR}Iš-t[a-ma-na-aš-ša-aš]
40 [^{DINGIR}Ki-iš-ša-r]a-aš-ša-aš ^{DINGIR}[Ge-nu-u̯a-aš-ša-aš]
41 [ ]x-u̯a-az-ši-i[š

---

42 [^{Ḫ}]$^{\text{I.A}}$ IM x[

Nummer 118 (1982/u)

CTH: 595
Datierung: jh.
Anschlüsse: -
Duplikate: -

---

176 Literatur zur Tafel insgesamt bei S. Košak, Konkordanz 1.6, sub 316/v.
177 Zu Beginn von MI Rasur.

Bearbeitung: -[178]

Vs.

1 [m]a-a-an šal-li a-š[e-eš-šar
2 EZEN₄ ḫa-me-eš-ḫa[-aš
3 i-i̯a-an-zi n[a-
4 II UDU II *PA* ZÌ.DA I[

---

5 nu-za ^{LÚ}SANGA x[
6 [ ]x x x[ ]x[

Nummer 119 (1959/u)

CTH: 625[179]
Datierung: jh.
Anschlüsse: -
Duplikate: -
Bearbeitung: M. Popko, StBoT 50, p. 79, 98

Rs.

x+1 [AN.T]AḪ.ŠUM ^{S}[^{AR}]
2' [^{URU}]⌈A-ri[180]⌉-in -n[a]

3' [ ] ⌈*A*⌉-*NA* GIŠ.ḪUR-kán ḫa-an-d[a-a-an]

Nummer 120 (238/v)

CTH: 627 (?)
Datierung: jh.
Anschlüsse: -
Duplikate: - (zu r.Kol. x+1-4' vgl. ABoT 5 + KBo 17.9 + KBo 17.20 + KBo 20.5 + KBo 25.12 Vs. II 7'-8'[181])
Bearbeitung: -

lk.Kol.

x+1 [ ] -⌈zi⌉

---

178 1982/u, 6, bei E. Neu, StBoT 5, p. 72, ist Lapsus für 1892/u [= KBo 34.113].

179 Bzw. inhaltlich unspezifisch CTH 825 mit S. Košak, Konkordanz 1.6, sub 1959/u.

180 Über Rasur.

181 Siehe I. Singer, StBoT 28, p. 34; D. Groddek, IJDL Supplement 1, p. 44.

2’ [ ]$^{⸢TIM⸣}$
3’ [-t]a
4’ [ ]x
5’ [ ]x

6’ [ ]-⸢i⸣
7’ [ ]x-da

8’ [-š]i-i-eš
9’ [AD].⸢KID⸣
10’ [-z]i
11’ [ ]x

r.Kol.
x+1 ⸢GIŠ⸣ ^{DING}[^{IR}INANNA
2’ iš-ḫ[a-mi-iš-kán-zi

3’ ḫé-⸢e⸣-[un

4’ LÚ ^{G}[^{IŠ}BANŠUR (?)
5’ pa-x[

6’ x[

Nummer 121 (145/v)

CTH: 630
Datierung: ?[182]
Anschlüsse: -
Duplikate: - (par. KBo 23.64 + KBo 24.88; KBo 51.134)
Bearbeitung: KBo 51, p. VII (sub Nr. 134); Rs. (x+)1 KBo 23, p. V (sub Nr. 64); Rs. (x+)1 V. Haas, HbOr I/15, p. 450 Anm. 10; Rs. x+1 V. Haas, OLZ 85 (1990), Sp. 417

Vs.$^{?}$
x+1 [-]i̯a

---

182 Signifikante Zeichenformen fehlen.

2’ [ ] LUGAL
3’ [*ME-ŠE*-] *DI*
4’ [ ] GEŠTIN
5’ [-a]n-˹na˺
6’ [ ] -i
7’ [ ]x x[

Rs.?

---

x+1 [ ] DINGIRLu-ul-la-i̯a-m[a-an
2’ [ḫ]u-u-up-ri ši-pa-a[n-ti]
3’ [SÌ]R {Ras.[183]} *R*[*U*]
4’ [ ] -˹i˺ [ ]

5’ [ ] kat -ta
6’ [ ]x -na
7’ [ ] -aš
8’ [ ]x

Nummer 122 (224/v + 365/v + Bo 2575 + Bo 3810)

CTH: 638
Datierung: jh.
Anschlüsse: + KUB 53.12[184] + KUB 53.6[185] + IBoT 4.341[186] (+) KUB 53.2 (+)? KBo 60.105[187]
Duplikate:[188] KBo 26.185 (+) KBo 54.127 Rs.lk. 12’-17’ (//Rs. IV 1-6); KBo 54.123

---

183 Eradiert ist der Beginn von RU, das mit Ausrückung am Zeilenende wiederholt ist.

184 Die Rs. dieses Stückes ist in KBo 54.122 in Autographie wiederholt.

185 In KBo 54.122 in Autographie wiederholt. In KUB 53.6 war die Bestimmung als Vs. verkehrt.

186 Siehe die Umschrift bei D. Groddek, DBH 23, p. 232-234.

187 Siehe J.L. Miller, KBo 60, p. VII (sub Nr. 105).

188 Zur Zusammenstellung der Duplikate vgl. S. Košak, Konkordanz 1.6, sub CTH 638. Zu beachten ist, daß sich dort etwelches Material anfindet, daß nicht zur eigentlichen Textkomposition gehört, sondern anderen Texten zuzuordnen ist, deren Kulttopographie mit derjenigen von CTH 638 weitestgehend übereinstimmt. Hier wäre sicherlich eine Unterscheidung zwischen CTH 638.1 für das Festritual Telipinus in Ḫanḫana und Kašḫa und CTH 638.2 für anklingende Texte für die Zukunft sinnvoll. Zu jener Gruppe wäre dann wohl auch KBo 60.195 zu stellen, das in Vs.? 4’ *LI-IM* UDUḪ[I.A erwähnt und in Vs.? 6’ einen unvollständigen ON aufweist, der vermutlich zu URUA-ta[l-ḫa-zi-i̯a zu ergänzen ist, anders KBo 60, p. XXI im Index der ON, mit Aufnahme der Stelle unter Arinna.

(+) KUB 53.7 (+)$^{?}$ KBo 52.168; KBo 54.124; KBo 53.127[189]; KBo 54.125 + KUB 51.1 (+) KUB 53.14 (+) Bo 3478 Vs. II 11-15.16-23 (//Rs. IV 1-8.16-30)[190]; KBo 54.126 (+) KUB 9.3 (+) KUB 58.30 (+) KUB 53.5 (+) IBoT 2.76; KBo 47.68; KBo 58.118; KBo 58.129a (+) KBo 58.129b; KUB 53.4; KUB 53.8; KUB 53.3; KUB 53.1; KUB 58.84; KUB 38.28; Bo 3446; Bo 69/792 + Bo 7253; Bo 69/881; Privat 9[191] (KBo 52.118 I 1-4 par.[192] Rs. V 11'-14'; KBo 52.119 Vs.$^{?}$ par. Rs. V 4'-12')[193]

Bearbeitung: V. Haas/L. Jakob-Rost, AoF 11 (1984), p. 49-52 (Nr. 4), p. 79-83 (Nr. 15); D. Groddek, DBH 23, p. 232-234; P. Taracha, BiOr 64 (2007), Sp. 189; D. Groddek, IJDL 2 (2005), p. 18; V 14' C. Corti, FS Košak, p. 171[194]

Rs. IV

1 pa-ra-a-ma ⸢KÁ⸣ É ^{LÚ}u-ri-i̯a-an-ni I UDU [ ]
2 ap-pa-an-zi na-an ^{É}ḫ̮i-lam-na-aš ^{DINGIR}UTU-i
3 ⸢ḫ̮u-u⸣-kán-zi pa-ra-a-ma {Ras.} ^{DINGIR}Šu-li-kat-ti
4 [ḫ̮u-u̯]a-ši-⸢i̯a⸣ I UDU ḫ̮u-u-iš-u̯a-an-da-an ap-pa-an-zi
5 [na-an ^{DINGIR}Š]u-⸢li⸣-in-kat-ti-i̯a-aš ḫ̮u-u-u̯a-ši
6 ḫ̮[u-u-kán-zi pa-r]a-⸢a⸣-ma ⸢KÁ⸣.GAL I UDU
7 ap-pa[-an-zi na-an K]Á.GAL ^{DINGIR}Ša-la-⸢u̯a⸣-na-aš
8 ḫ̮u-u-ká[n] -zi

---

9 pa-ra-a-ma x[-]ḫ̮a-at-ḫ̮i-⸢na⸣ I UDU
10 TI-an e-e[p-zi na-an ḫ̮]u-u-u̯a-ši-i̯a
11 *ŠA* ^{DINGIR}U ^{URU}[ḫ̮]u-u-kán-zi

---

189 J.L. Miller, KBo 53, p. VII (sub Nr. 127), verweist für Zz. x+1-2' auf KUB 9.3 (+), I 24'-25' (Kolumnenende). Berücksichtigt man, daß in KBo 53.127 Z. 3' von GU$_4$-ma und in Z. 4' von I UDU-⸢i̯a⸣ die Rede ist, in KUB 9.3 (+) I 22', das Opfer eines Rindes und zweier Schafe thematisiert war, liegt es inhaltlich nahe, in KBo 53.127 Z. 3'ff. die unmittelbare Textfortsetzung zu KUB 9.3 (+) I 26' zu sehen und KBo 53.127, x+1-2', als Duplikat zu KUB 9.3 (+), I 24'-26', anzuerkennen.

190 Der Passus KBo 54.122 +, Rs. V 9-15, hat in KUB 51.1 + keine Entsprechung. Eigentlich sollte man nicht von Duplikaten sprechen, da klar unterschiedliche Redaktionen des Rituales vorliegen. Doch betrifft das im Grunde genommen auch alle anderen ‚Duplikat'beziehungen innerhalb der Textgruppe CTH 638, die dringend einer Neubearbeitung bedürfte mit Herausarbeitung der verschiedenen Redaktionen.

191 Siehe M. Salvini/M.-C. Trémouille, FS Haas, p. 379ff.

192 Es liegt nur eine kleine Abweichung in der Wortstellung (mān vor bzw. nach *INA* UD.III^{KAM}) vor, so daß man die Texte durchaus als Duplikate zueinander anerkennen könnte.

193 Siehe S. Košak, Konkordanz 1.6, sub Bo 69/234.

194 Literatur zur Tafel insgesamt siehe bei S. Košak, Konkordanz 1.6, sub 224/v.

12 nu-uš-ša[-an ^{UZU}š]u-up-pa EGIR-pa
13 [ti-a]n-z[i] a-ku-u̯a-an-na
14 [-a]n-zi
15 [a-d]a-an-zi a-ku-an-zi

---

16 nu D[UMU.LUGAL GU$_4^{ḪI.A}$-uš UDU$^{ḪI.A}$-uš ^{UR}]^{U}Ḫa-an-ḫa-na-za
17 ^{URU}⸢Ta-a⸣-[ni-iš-ku-ri-i̯a še-eš-... ḫu-u-kán-z]i
18 ^{URU}Ta-ni[-iš-ku-r]i-i̯[a ḫ]u-u-u̯a-ši
19 *ŠA* ^{DINGIR}Te-li-⸢pí⸣-nu ar-t[a-ri] I GU$_4$
20 XXX UDU$^{ḪI.A}$ ^{DINGIR}Te-li-pu-ni-i̯[a-aš] ḫu-u-u̯a-ši
21 ḫu-u-kán-zi šu-up-pa *ŠA* [GU$_4^{Ḫ}$]$^{I.A}$ UDU$^{⸢ḪI⸣.A}$
22 ^{UZU}GABA^{MEŠ} ^{UZU}ZAG.UDU$^{ḪI.A}$ S[A]G.DU^{MEŠ}
23 GÌR^{MEŠ} ḫu-u-u̯a-ši pé-r[a-an] ti-an-zi
24 še-er-ra-aš-ša-an x[ḫ]u-u-it-ti-an-zi

---

25 nu ^{UZU}NÍG.GIG ^{U}[^{ZU}ŠÀ$^{ḪI.A}$ ḫu-u-ma-a]n-da
26 ⸢*ŠA*⸣ GU$_4^{ḪI.A}$ x[ḫa-ap-pí-ni-i]t za-nu-an-zi
27 x x[^{DINGIR}]Te-li-pí-nu
28 x[p]é-ra-an
29 t[i-an-zi še-ra-aš-ša-an ^{U}]^{ZU}NÍG.GIG
30 [^{UZU}ŠÀ ḫu-u-ma-an-da ti-an-z]i[195]

Rs. V[196]

x+1 [ ]x
2' [-n]u-an-⸢zi⸣

3' [-t]a-nu-an-zi
4' [k]u-ut-ti-ša-an
5' [ ]x x[ ] ša-ra-a
6' [ ]x $^{⸢URU}$A-ri-in⸣-na [-]zi
7' [ ] ^{DINGIR}U $^{⸢URU⸣}$A-tal-ḫa-zi-i̯a [S]ANGA
8' [$^{LÚ.ME}$]^{Š}SANGA ^{URU}A-tal-ḫa-zi-i̯[a]x TUR GUŠKIN
9' [ ]x-kán me-na-aḫ-ḫa-an-da t[i-an-zi]

10' ⸢UD.II⸣[^{KA}]^{M} *QA-TI*

---

195 Am Photo ist noch die rechte Hälfte des Keilkopfes des zweiten Senkrechten von ZI zu sehen, die in der Autographie versehentlich nicht getuscht ward.

196 Z. x+1 ist etwa die dritte Zeile der Kolumne.

11’ *I-NA* [U]D.III^{KAM} ma-a-an lu-uk-kat-ta DUMU.LUGAL
12’ GU$_4$$^{HI.⸢A}$-uš⸣ UDU$^{HI.A}$-uš i-i̯a-an-na-i
13’ ar-k[am-m]i gal-gal-tu-ri$^{!}$[197] u̯a-al-ḫa-ni-eš-kán-zi
14’ GU$_4$$^{HI.A}$[-u]n UDU$^{HI.A}$-un É.DINGIR^{LIM} ^{DINGIR}Te-li-pí-nu
15’ a-ra-a-⸢an⸣-zi XII GU$_4$$^{HI.A}$ II ME UDU$^{HI.A}$ *A-NA* DUMU.LUGAL
16’ pé-ra-an ḫu-u-i-nu-u̯a-an-zi *I-NA* É.DINGIR^{LIM}
17’ an-da [p]é-en-ni-an-zi DUMU$^{!}$[198].LUGAL *I-⸢NA* É.DINGIR⸣^{LIM}
18’ an-da [pa-i]z-zi

19’ I <NINDA.>GUR$_4$.RA pár-ši-i̯[a]x-⸢ma⸣ KAŠ.GEŠTIN
20’ *IŠ-TU* ^{DUG}*KU-K*[*U-UB*] ⸢*PA*⸣*-NI* DINGIR^{LIM} ki-it-ta-ri
21’ nu *PA-NI* DINGIR^{LI}[^{M} ši-pa-a]n-ti ^{LÚ}ALAM.ZU$_9$-kán$^{!}$[199]
22’ ŠÀ É.DINGIR^{LIM}[-m]a[200] a-ḫa-a ḫal-za-a-i

23’ nu-kán GU$_4$$^{HI.A}$ [UDU$^{HI.A}$ *A-N*]*A* ^{DINGIR}Te-li-pí-nu
24’ BAL-an-ti XII [GU$_4$$^{HI.A}$ II ME UDU^{H}]$^{I.A}$ *ŠA* UD.II^{KAM}
25’ *A-NA* ^{DINGIR}Te-l[i-pí-nu ḫu-ká]n-zi
26’ na-aš-ta [*ŠA* GU$_4$$^{HI.A}$ UD]U$^{HI.⸢A}$-i̯a⸣
27’ šu-up-pa [^{UZ}]^{U}x x
28’ SAG.DU^{MEŠ} [GÌR^{MEŠ}] ⸢še-er⸣ [

Nummer 123 (1112/v + 917/u + 1524/u + Bo 2794 + Bo 6944)

CTH: 638
Datierung: jh.
Anschlüsse: + KUB 53.7[201] (+)$^{?}$ KBo 52.168[202]

---

197 Zeichen ḪU.
198 Zeichen I.
199 Das Zeichen KÁN hat zwei Schlußsenkrechte.
200 Entsprechend wäre bei D. Groddek, DBH 23, p. 232, zu korrigieren.
201 In KBo 54.123 in Autographie wiederholt.
202 Zur mutmaßlichen Zugehörigkeit von KBo 52.168 zu dieser Tafel siehe C. Corti, KBo 52, p. X (sub Nr. 168). Ein indirekter Anschluß an KBo 51.137 hingegen (M.-C. Trémouille, KBo 51, p. VII (sub Nr. 137)) geht inhaltlich nicht auf. Das Stück kann auf keinen Fall oben in Rs. V von KBo 54.123 gehören, da in KBo 51.137 Rs. V$^{?}$ 10’-11’ der Wechsel vom 3. zum 4. Tag vorliegt, in KBo 54.123 Rs. IV 5’ aber bereits der 4. Tag beendet war und in IV 25’/26’ der Wechsel vom 5. zu 6. Tag beschrieben ward. Darauf kann ein Wechsel vom 4. zum 5. Tag nun einmal nicht folgen, es sei denn, die Zeit wäre in Ḫanḫana nicht linear verlaufen. Wenn KBo 51.137 zu KBo 54.123 gehören sollte, dann könnte es nur in die Vs. II von KBo 54.123 eingeordnet werden, aber, und das kommt entscheidend hinzu, der Tageswechsel vom 3. zum 4. Tag ist in CTH 638 in KUB 53.3 (I 17’-18’) bewahrt, und der somit vorgegebene Text deckt sich absolut nicht mit dem von KBo 51.137. Zwar ist nicht zu verkennen, daß KBo 51.137 einen Bezug zu Ḫanḫana aufweist, aber zu dem spezifischen Ritual CTH 638 gehört das Textstück definitiv nicht.

Duplikate: KBo 26.185 (+) KBo 54.127; KBo 54.124; KBo 53.127; KBo 54.122 + KUB 53.12 + KUB 53.6 + IBoT 4.341 (+) KUB 53.2 (+) KBo 60.105; KBo 54.125 + KUB 51.1 (+) KUB 53.14 (+) Bo 3478; KBo 54.126 (+) KUB 9.3 (+) KUB 58.30 (+) KUB 53.5 (+) IBoT 2.76, x+1-5'[203] (//Rs. IV 6'-12'), Rs. IV 2-15[204] (//Rs. V x+1-17'); KBo 47.68; KBo 58.118; KBo 58.129a (+) KBo 58.129b; KUB 53.4 Rs. IV 20'-32' (//Rs. IV x+1-27')[205]; KUB 53.8; KUB 53.3 Rs. III 1-13 (//Rs. IV 10'-21'), Rs. IV 1-17 (//Rs. V 3'-21'); KUB 53.1; KUB 58.84; KUB 38.28; Bo 3446; Bo 69/792 + Bo 7253; Bo 69/881; Privat 9; KBo 52.118; KBo 52.119

Bearbeitung: D. Groddek, DBH 23, p. 232; P. Taracha, BiOr 64 (2007), Sp. 189; H. Otten/C. Rüster, ZA 68 (1978), p. 274-276 (Nr. 67); V. Haas/L. Jakob-Rost, AoF 11 (1984), p. 79-83 (Nr. 15); D. Groddek, IJDL 2 (2005), p. 18; C. Corti, KBo 51, p. VII (sub Nr. 137); IV („I") 11(') H. Berman, Diss., p. 65; IV 11' E. Rieken, StBoT 44, p. 198, 202[206]

Vs. II

x+1 x[
2' ⌜ar⌝-[
3' ták-ká[n
4' nu-uš-ša[-an
5' *Ú-NU-UT* ^{DINGIR}x[
6' *A-NA* ^{DINGIR}Te-li-p[í-nu

7' [ ]x *A-NA* x[
8' [AL]AM KÙ.BABBAR GAR.RA [
9' [-z]i[207] nu-uš *IT-*⌜*TI*⌝ [ ]x
10' [ ] -⌜zi⌝

Vs. III

x+1 na-at [
2' x[

---

203 Teilstück KUB 53.5.

204 Teilstück KUB 9.3.

205 Mit partiellen Abweichungen.

206 Literatur zur Tafel insgesamt bei S. Košak, Konkordanz 1.6, sub 917/u.

207 Am Photo ist noch der Aufstrich des hinteren oberen Winkelhakens von ZI auszumachen.

Rs. IV

x+1 [XL$^{?}$ ^{NINDA}ša-ra-am-n]a-aš *PA-NI* DUMU.LU[GAL]
2' [ti-an-zi a-še-eš-š]ar lam-ni-it *Q*[*A-TAM-MA*]
3' [e-ša GAL$^{HI.A}$ *Q*]*A-TAM-MA* ir-ḫa-an-z[i]
4' [ta-aš DUMU.LUGAL a-a]p-pa-a-i [ ]
5' [UD.IV^{KAM}] *QA-TI*

6' [*I-NA* UD.V^{KAM} ma-a-an l]u-kat-ta X GU$_4$$^{HI.A}$
7' [II ME UDU$^{HI.A}$ ḫu-u-kán-z]i šu-up-pa *QA-TAM-MA*
8' [ti-an-zi NINDA.GUR$_4$.RA$^{HI.A}$ ^{UZU}NÍG.GI]G$^{!}$ <^{UZU}>ŠÀ-ma[208] *QA-TAM-MA*
9' [ti-an-zi mar-nu-an KAŠ.GEŠTIN]-an *QA-TAM-MA* ši-pa-an-ti

---

10' [DUMU.LUGAL IV $^{LÚ.MEŠ}$SANGA ^{U}]^{RU}Ka-aš-ḫa ^{MUNUS}am-ma-ma
11' [^{LÚ}*BE-EL* ^{URU}Ḫa-an-ḫa-n]a ši-ik-nu-uš-ši-it
12' [a-aš-ki *IŠ-TU* ^{GI}]^{Š}MAR ^{GIŠ}AL KÙ.BABBAR GAR.RA
13' [pu-ru-ut iš-ḫu-i]š-⌜kán⌝-zi na-aš-ša-an
14' *I-NA* ⌜É⌝.[DINGIR^{LIM} šu-uḫ-]ḫi UGU VII-*ŠU*
15' pé-e-da-an-z[i nu-uš ^{D}]^{INGIR}Te-li-pí-nu-aš
16' šu-uḫ-ḫa-an [pu-ru-ut-t]a-an-zi

17' $^{MUNUS.MEŠ}$KI.SIKIL ^{UR}[^{U}Ka-aš-ḫa]x šu-uḫ-ḫi
18' a-ra-an-da n[u lu-uk-kat-ta-ma S]ÌR^{RU}
19' ku-it-ša-ma-aš x[ma-a-an z]i-i[n-na-an-zi]
20' DUMU.LUGAL *PA-NI* DINGIR[^{LIM} a-da-an-n]a [e-ša]
21' a-še-eš-šar ⌜lam⌝-[ni-it *Q*]*A-TA*[*M-MA* e-ša]
22' ḪA.LA DUMU.LUGAL [ ]x LXXX NINDA.ÉRIN[^{MEŠ}]
23' *QA-TAM-MA*-pát ^{DU}[^{G}G]AL$^{HI.A}$ ⌜*QA*⌝-*TA*[*M-MA*]
24' ir-ḫa-an-zi t[a-aš D]UMU.LUGAL ap-pa[-a-i]

25' UD.⌜V⌝^{KAM} *QA-TI*

26' [*I-NA* U]D.VI^{KAM} ^{DINGIR}Te-li-pí-nu-un ^{DINGI}[^{R}

---

208 H. Otten/C. Rüster, ZA 68 (1978), p. 275, lesen ŠÀ.BA, was vom Zeichen her in der Tat naheliegt. Gleichwohl müßte dann von einer Textauslassung ausgegangen werden, da der Text mit ŠÀ.BA nicht in Ordnung ist.

27' [ ]x-an ti-an-zi GAM-an-m[a
28' [iš-pá]r-ra-an-zi I$^{NU\text{-}TIM}$ [

Rs. V

x+1 [II ME UDU$^{ḪI.A}$] *I*[-*NA* É ^{DINGIR}Te-li-pí-nu]
2' [^{URU}Ka-a-aš-ḫa] ⸢*I*⸣-[*NA* UD.II^{KAM} ḫu-u-kán-zi X GU$_4$$^{ḪI.A}$]
3' [II ME UDU^{Ḫ}]$^{I.A}$ ⸢*I*⸣-[*NA* É ^{DINGIR}Te-li-pí-nu]
4' [^{URU}Ka-a-aš-ḫ]a [*I-NA* UD.III^{KAM} ḫu-u-kán-zi]

5' [nu ŠU.NÍGIN XXX]II GU$_4$^{Ḫ}[$^{I.A}$ VI ME UDU$^{ḪI.A}$ *I-NA* ^{URU}Ka-a-aš-ḫa]
6' [ku-i]n *A-NA* ^{DINGI}[^{R}Te-li-pí-nu UD.III^{KAM}]
7' [ḫu-ke-e]š-kán -z[i]

8' [a-]aš-ta-ma-kán XII GU$_4$ III ME UDU$^{ḪI.A}$
9' [n]a-an TI-an šar-ra-an-zi
10' V GU$_4$ III UDU$^{ḪI.A}$ $^{LÚ.MEŠ}$SANGA ^{URU}Ga-aš-ḫa
11' ⸢da-an⸣-zi na-an *I-NA* MU.III^{KAM}
12' *A-NA* EZEN$_4$^{MEŠ} *ŠA* ^{DINGIR}Te-li-pí-nu
13' MU-ti me-i̯a-an-na-aš *A-NA* EZEN$_4$ ITU-i̯a
14' ḫar-kán -zi

15' V GU$_4$$^{ḪI.A}$ L UDU$^{ḪI.A}$ *BE-EL* ^{URU}Ḫa-an-ḫa-na da-a-i
16' na-an *A*[209]*-NA* MU.III^{KAM} MU-ti me-i̯a-ni
17' *A-NA* DINGIR^{MEŠ} EZEN$_4$^{MEŠ}-i̯a ḫar-zi I GU$_4$
18' L UDU$^{ḪI.A}$ ^{MUNUS}am-ma-ma-aš da-a-i
19' na-an MU-ti me-i̯a-ni *A-NA* EZEN$_4$^{MEŠ}
20' DINGIR^{MEŠ}-*ŠU* ḫar-zi XXX UDU$^{ḪI.A}$
21' ⸢LÚ⸣^{MEŠ} ^{URU}A-tal-⸢ḫa⸣-zi da-an-zi

Rs. VI

---

x+1 [ ]x MU.IX^{KAM}

209 Beachtenswert ist A ohne Gebrochenen in dieser jh. Niederschrift.

2' [ ]x-ni-aš-kán
3' [ ]x DINGIR^{MEŠ}
4' [-a]n
5' [ ]x

Nummer 124 (1061/u)

CTH: 638
Datierung: jh.
Anschlüsse: [210]
Duplikate: KBo 26.185 (+) KBo 54.127; KBo 54.123 (+) KUB 53.7 (+)$^{?}$ KBo 52.168; KBo 53.127; KBo 54.122 + KUB 53.12 + KUB 53.6 + IBoT 4.341 (+) KUB 53.2 (+) KBo 60.105; KBo 54.125 + KUB 51.1 (+) KUB 53.14 (+) Bo 3478; KBo 54.126 (+) KUB 9.3 (+) KUB 58.30 (+) KUB 53.5 (+) IBoT 2.76; KBo 47.68; KBo 58.118; KBo 58.129a (+) KBo 58.129b; KUB 53.4; KUB 53.8; KUB 53.3; KUB 53.1; KUB 58.84; KUB 38.28; Bo 3446; Bo 69/792 + Bo 7253; Bo 69/881; Privat 9; KBo 52.118; KBo 52.119
Bearbeitung: D. Groddek, DBH 23, unter Nr. 341

r.Kol.

x+1 [ ] ⸢EGIR-an⸣ [
2' [-a]n-te-eš [ ]
3' [ ] -zi [ ]

4' [^{LÚ}*BE-E*]*L* ^{URU}Ḫa-an-ḫa-na ti-x[
5' [ ]x-ka ta-li-i̯a-an ḫar-z[i]
6' [t]ar-ku-zi $^{\text{LÚ.MEŠ}}$ḫa-pí-i̯[a-aš
7' [ ]x x a-pé-e-i̯a *QA-*⸢*TAM*⸣*-MA*
8' [ ] -da

9' [me-n]a-aḫ-ḫa-an-da
10' [DINGI]R$^{\textit{LIM}}$
11' [ ]-⸢ḫa⸣-[ ]x x

---

210 Nach Ton und Schriftbild entweder o.A. zu KBo 54.122 + KUB 53.12 + KUB 53.6 + IBoT 4.341 (+) KUB 53.2 (+) KBo 60.105 oder KBo 54.123 (+) KUB 53.7 (+)$^{?}$ KBo 52.168. In Ermangelung eines Duplikates, das die Texteinordnung von KBo 54.124 zu sichern vermöchte, ist inhaltlich nicht bestimmbar, zu welcher dieser beiden Tafeln einer Zweitafelserie der Komposition KBo 54.124 gehört.

Nummer 125 (Bo 871 + 228/v (+) 961/v (+) 368/v)

CTH: 638

Datierung: mh.

Anschlüsse: + KUB 51.1[211] (+) KUB 53.14 (+) Bo 3478[212]

Duplikate: KBo 26.185 (+) KBo 54.127; KBo 54.123 (+) KUB 53.7 (+)$^{?}$ KBo 52.168; KBo 54.124; KBo 53.127; KBo 54.122 + KUB 53.12 + KUB 53.6 + IBoT 4.341 (+) KUB 53.2 (+) KBo 60.105; KBo 54.126 (+) KUB 9.3 (+) KUB 58.30[213] (+) KUB 53.5 (+) IBoT 2.76 Vs. II 17'-26'[214] (par. Rs. III 21'-27'); KBo 47.68, 9'-16' (par. Rs. III 21'-27'); KBo 58.118; KBo 58.129a (+) KBo 58.129b Rs. V 8'-11' (par. Rs. III 21'-23'); KUB 53.4 Vs. I 11'-17' (//Rs. IV 11'-17'); KUB 53.8 Rs.$^{?}$ 8-19 (//Rs. IV 11'-17'); KUB 53.3; KUB 53.1; KUB 58.84; KUB 38.28; Bo 3446; Bo 69/792 + Bo 7253; Bo 69/881; Privat 9; KBo 52.118; KBo 52.119

Bearbeitung: P. Taracha, BiOr 64 (2007), Sp. 189; D. Groddek, IJDL 2 (2005), p. 18; V. Haas/L. Jakob-Rost, AoF 11 (1984), p. 38-47.83-85 (Nr. 1.16); D. Yoshida, THeth 22, s.A.4-2 (m.Anm. 34), B.9f., B.15c-1; C. Kühne, ZA 62 (1972), p. 256 Anm. 105; IV 11'ff. P. Taracha, DBH 27, p. 102 Anm. 532[215]

Vs. I

14 [a]-⸢ku⸣-u̯a-an-na ^{LÚ}*BE-⸢EL* É.GAL⸣ [

15 x NINDA *LA-AB-KU* XX-⸢iš⸣ ZÍZ X ^{NINDA}še-x[

16 ^{LÚ}*BE-EL* É ^{URU}Ḫa-[a]n-ḫa-na [pa-a-i]

---

17 lu-uk-kat-ta-ma DUMU[.L]UGAL ^{URU}Ḫa-an-ḫa-ni-pát i[-

18 ḫu-ek-zi III GU$_4$$^{\mathrm{Ḫ[I].⸢A⸣}}$ L UDU$^{\mathrm{ḪI.A}}$ *A-NA* ^{DINGIR}T[e-li-pí-nu

19 *ŠA* III GU$_4$$^{\mathrm{ḪI.A}}$ ⸢^{UZU}⸣ZAG.UDU ^{UZU}GABA SAG.D[U GÌR^{MEŠ}

20 ^{UZU}šu-up-pa$^{\mathrm{ḪI.A}}$ ⸢^{UZU}⸣ZAG.UDU$^{\mathrm{ḪI.A}}$ ^{UZU}GABA$^{\mathrm{ḪI.⸢A⸣}}$ [

21 ZAG.GAR.RA pé-⸢ra⸣-an ti-an-zi ^{UZU}NÍG[.GIG$^{\mathrm{ḪI.A}}$ ^{UZU}ŠÀ$^{\mathrm{ḪI.A}}$ ḫu-u-ma-an-da]

22 ⸢ḫa⸣-ap-pí-ni-it ⸢za⸣-nu-an-zi XXX NINDA.GUR$_4$.RA KU$_7$ ⸢*A*⸣-[*NA* ^{DINGIR}Te-li-pí-nu]

23 *Ù A-NA* ^{DINGIR}Ka-at-taḫ-ḫa pár-ši-i̯a ZAG[.GAR.RA pé-ra-an ti-an-zi še-ra-aš-ša-an]

---

211 Siehe die Umschrift bei D. Groddek, DBH 15, p. 1-3.

212 Umschrift nach V. Haas/L. Jakob-Rost, AoF 11 (1984), p. 83-85.

213 Vgl. die Umschrift bei J.V. García Trabazo/D. Groddek, DBH 18, p. 75-77.

214 Teilstück KUB 58.30 (+) KBo 54.126.

215 Literatur zur Tafel insgesamt bei S. Košak, Konkordanz 1.6, sub 228/v.

24 ^{UZU}NÍG.GIG$^{ḪI.A}$ $^{⸢UZU⸣}$ŠÀ$^{ḪI.A}$ ḫu-u-ma-an-da [ti-an-zi
25 *A-NA* ^{DINGIR}Te-l[i-p]í-nu *Ù A-NA* ^{DINGIR}[Ka-at-taḫ-ḫa

---

26 V UDU$^{ḪI.A}$ I GU$_4$ *I-NA* É ^{LÚ}MUḪALDIM *A-NA* TU$_7$$^{ḪI.A}$ [
27 mar-kán-zi I UDU TI[-an] $^{⸢MUNUS⸣}$ am-ma-am-ma-aš da-a[-i
28 ⸢ḫu$^?$⸣-ga-an-na ⸢da⸣-a[n-z]i NINDA-ma KAŠ *ŠA* É [
29 [(-)]da-an-zi x[

---

30 [ ]x x[

Rs. III
21' ⸢*PA-NI* DINGIR⸣^{L}[^{IM} ṷa-al-ḫ]a-an-ni-an-⸢zi⸣ $^{MUNUS.MEŠ}$⸢KI.SIKIL⸣ EGIR-*ŠU* SÌR^{RU} ši-ú-ni
22' pé-⸢ra-an⸣ a[n-t]u-[uḫ-še-eš] ⸢III$^?$⸣ GU$_4$^{Ḫ}[^{I}]$^{.⸢A⸣}$ [UDU^{Ḫ}]$^{I.A}$ ki-ša-an-da na-at GU$_4$.MAḪ$^{ḪI.A}$
23' ma-a-aḫ-ḫa-an G[ÌR^{MEŠ}] ⸢iš⸣-ḫu-eš-ḫu-an-zi a-pé-e-a
24' *QA-TAM-MA* iš-ša[-an-zi]x-ga ti-iš-kán -zi
25' *Ù* IX i-ú-kán ^{L}[$^{Ú.MEŠ}$ḫu-u-ne-e-pí-ša $^{LÚ.MEŠ}$ḫal-li-i̯]a-ri-eš *PA-NI* DINGIR^{LIM} ḫu-i̯a-⸢an-te⸣-eš
26' na-⸢at⸣ ḫu-n[e-e-pí-ša ti-iš-kán-zi nu] ku-it-ma-an EGIR-pa DINGI[R^{LAM}]
27' *A-NA* É.DINGIR^{LIM}-*ŠU* [a-ar-nu-an-zi $^{LÚ.MEŠ}$GÉŠPU-m]a *PA-NI* <DINGIR^{LIM}> *QA-TAM-MA* iš-š[a-an-zi

---

Rs. IV
11' ⸢*Ù*⸣ XII ⸢UDU$^{ḪI.A}$⸣ [^{URU}Ḫa-an-ḫa-na-az ku-in u-un-ni-ir na-a]š ^{NA_4}ḫu-⸢u⸣-[ṷa-ši-i̯a]-aš *A-NA* DINGIR[^{MEŠ}]
12' [ḫ]u-kán-zi I UDU [^{GIŠ}e-i̯a-an *A-NA* ^{DINGIR}Te-li-pí-n]u ḫu-kán-z[i I UD]U $^{ḪUR.SAG}$⸢Ka⸣-t[a-la]
13' [ḫ]u-kán-zi I UDU ^{DI}[^{NGIR}Te-li-pí-nu-ṷa-aš ^{NA_4}ḫu-u-ṷ]a-ši-i̯a ḫu-kán-z[i I] ⸢UDU⸣ ^{DINGIR}U-ṷa-aš
14' $^{⸢NA_4⸣}$ḫu-ṷa-ši-i̯[a ḫu-kán-zi I UDU ^{DINGIR}Ka-taḫ-ḫa-aš ^{N}]^{A_4}ḫu-ṷa-ši-i̯a [ḫu-ká]n-zi
15' ⸢I UDU⸣ ^{DINGIR}Ša-an-ḫ[u-pí-aš ^{NA_4}ḫu-ṷa-ši-i̯a] ḫu-kán-zi I UDU ^{DINGIR}[LAMMA ^{NA_4}ḫu-ṷa-ši-i̯a]
16' [ḫ]u-kán-zi I U[DU ^{DINGIR}U-aš ^{NA_4}ḫu-ṷa-ši-i̯a ḫu-kán-zi I UDU

^{DINGIR}UTU-aš ^{NA_4}ḫu-u̯]a-⸢ši⸣-i̯a ḫu-kán-z[i I UDU]
17’ [^{DING}]^{IR}Am-⸢ma⸣-a[m-ma-aš ^{NA_4}ḫu-u̯a-ši-i̯a ḫu-kán-z]i nu $^{URU?}$[

Nummer 126 (Bo 69/434 (+) Bo 2819 (+) 283/v)

CTH:	638
Datierung:	mh.
Anschlüsse:	(+) KUB 9.3[216] (+) KUB 58.30[217] (+) KUB 53.5[218] (+) IBoT 2.76[219]
Duplikate:	KBo 26.185 (+) KBo 54.127; KBo 54.123 (+) KUB 53.7 (+)$^{?}$ KBo 52.168; KBo 54.124; KBo 53.127; KBo 54.122 + KUB 53.12 + KUB 53.6 + IBoT 4.341 (+) KUB 53.2 (+) KBo 60.105; KBo 54.125 + KUB 51.1 (+) KUB 53.14 (+) Bo 3478 Rs. III 23’-27’ (par. Vs. II 22’-26’); KBo 47.68, 12’-17’ (par. Vs. II 22’-27’); KBo 58.118; KBo 58.129a (+) KBo 58.129b; KUB 53.4; KUB 53.8; KUB 53.3 Vs. I 2’-13’ (//Vs. I 4’-12’); KUB 53.1; KUB 58.84; KUB 38.28; Bo 3446; Bo 69/792 + Bo 7253; Bo 69/881; Privat 9; KBo 52.118; KBo 52.119
Bearbeitung:	D. Groddek, DBH 15, p. 1; P. Taracha, BiOr 64 (2007), Sp. 189; J.V. García Trabazo/D. Groddek, DBH 18, p. 75; V. Haas/L. Jakob-Rost, AoF 11 (1984), p. 66-67 (Nr. 10); D. Groddek, IJDL 2 (2005), p. 18[220]

Vs. I
x+1 ⸢^{LÚ}⸣ x[
2’ ⸢*ŠA*⸣ [
3’ BAL[-

4’ nam-m[a ... a-pí-i̯a
5’ ti-an[- ^{LÚ}SAGI.A-aš]
6’ ša-⸢ra-a da-a-i⸣ x x [me-na-aḫ-ḫa-an-da e-ep-zi]
7’ DUMU.LUGAL me-na-aḫ-ḫa-an-⸢da⸣ [III-*ŠU UŠ-KE-EN*
^{LÚ}ALAM.ZU$_9$ pal-u̯a-iz-zi]
8’ a-ḫa-a ḫal-za-a-i na-aš[-kán pa-ra-a pé-e-da-i]

9’ DUMU.LUGAL ^{DINGIR}Te-li-pí-nu-u[n ^{DINGIR}Ka-taḫ-ḫa-an-na GUB-aš e-ku-zi]

---

216 Vgl. die Umschrift bei V. Haas/L. Jakob-Rost, AoF 11 (1984), p. 59-63 (Nr. 7).
217 Vgl. die Umschrift bei J.V. García Trabazo/D. Groddek, DBH 18, p. 75-77, sowie bei V. Haas/L. Jakob-Rost, AoF 11 (1984), p. 53-65 (Nr. 8).
218 Vgl. die Umschrift bei V. Haas/L. Jakob-Rost, AoF 11 (1984), p. 86-87 (Nr. 19).
219 Vgl. die Umschrift bei V. Haas/L. Jakob-Rost, AoF 11 (1984), p. 65-66 (Nr. 9).
220 Literatur zur Tafel insgesamt bei S. Košak, Konkordanz 1.6, sub 283/v.

10’ GIŠ ^{DINGIR}INANNA GAL SÌR^{RU} ^{LÚ}A[LAM.ZU$_9$ me-ma-i a-ḫa-a ḫal-zi-i̯a]

11’ I ^{NINDA}ta-kar-mu-un pár-ši-i̯a [na-an-kán ^{LÚ}SAGI.A pa-ra-a pé-e-da-i]

12’ ⸢DUMU.LUGAL ^{DINGIR}⸣ Ḫ[a-aš-g]a-⸢la-an⸣ [TUŠ-aš e-ku-zi ...

Vs. II

22’ iš-ḫu-iš-kán-zi na-at ar[-

23’ IX i-ú-kán i-i̯a-an-te-eš [ ]

24’ na-at KASKAL-ši EGIR-an *PA-NI* [DINGIR^{L}]^{IM} ḫu-ne-pí-ši [ti-iš-kán-zi]

25’ nu ku-it-ma-an DINGIR^{LAM} EGI[R-pa *A-N*]*A* É.DINGIR^{LIM}-*ŠU* [

26’ $^{LÚ.MEŠ}$[221]GÉŠPU-ma *PA-NI* DINGIR^{LI}[^{M} -m]a[222] iš-ša-a[n-zi

---

27’ ma-a-an DINGIR^{LAM} ⸢ka⸣-x[ ]x[ ]x[

Nummer 127 (642/z)

CTH: 638

Datierung: mh.

Anschlüsse: (+) KBo 26.185[223]

Duplikate: KBo 54.123 (+) KUB 53.7 (+)$^{?}$ KBo 52.168; KBo 54.124; KBo 53.127; KBo 54.122 + KUB 53.12 + KUB 53.6 + IBoT 4.341 (+) KUB 53.2 (+) KBo 60.105 Vs. III 22’-Rs. IV 7 (//Rs. lk. 8’-18’)[224]; KBo 54.125 + KUB 51.1 (+) KUB 53.14 (+) Bo 3478 Vs. II 10-14 (par. Rs. lk. 8’-18’); KBo 54.126 (+) KUB 9.3 (+) KUB 58.30 (+) KUB 53.5 (+) IBoT 2.76; KBo 47.68; KBo 58.118; KBo 58.129a (+) KBo 58.129b; KUB 53.4; KUB 53.8; KUB 53.3; KUB 53.1; KUB 58.84; KUB 38.28; Bo 3446; Bo 69/792 + Bo 7253; Bo 69/881; Privat 9; KBo 52.118; KBo 52.119

Bearbeitung: D. Groddek, IJDL 2 (2005), p. 18[225]

---

221 Bei J.V. García Trabazo/D. Groddek, DBH 18, p. 77, war mit S. Košak, ZA 80 (1990), p. 147, nach Photokollation ^{LÚ}GEŠPÚ-ma gelesen worden. Eigene Photokollation und Einsichtnahme in die Tafel im Museum zu Ankara zeigt aber eindeutig, daß $^{LÚ.MEŠ}$GÉŠPU-ma dasteht.

222 Bei J.V. García Trabazo/D. Groddek, DBH 18, p. 77, ist DINGIR^{LI}[^{M}-m]a entsprechend mit größerem Abstande zu korrigieren.

223 Vgl. die Umschrift bei V. Haas/L. Jakob-Rost, AoF 11 (1984), p. 52-54 (Nr. 5).

224 Leicht abweichend.

225 Literatur zur Tafel insgesamt bei S. Košak, Konkordanz 1.6, sub 716/u.

Rs. lk.Kol.

8’ na-an *I-NA* É.DIN[GIR^{LIM} ḫa-aš-ši-i *A-NA* ^{DINGIR}Te-li-pí-nu] <<x>>
9’ [ḫ]u-ek-zi pa-ra-a[-ma ^{LÚ}*MA-ṢA-AR A-Š*]*AR* ^{DINGIR}Ka[t-taḫ-ḫa I UDU]
10’ ⸢e-ep[226]⸣-zi n[a$^{!}$-an-kán *A-NA A-ŠAR*] ⸢^{DINGIR}⸣Kat[-taḫ-ḫa]
11’ [an-]da ḫa-at-ta [-a]n-zi

12’ [pa-r]a-a-ma I UDU K[Á É ^{LÚ}u-ri-i̯a-]an-ni [ ]
13’ [a]p-pa-an-zi na$^{!}$[-an ḫi-lam-na-aš ^{DIN}]^{GIR}UTU-i
14’ ḫu-u-kán-zi pa-r[a-a-ma ^{DINGIR}Šu-l]e-en-kat-ti-i̯a-aš
15’ ⸢$^{\text{NA}_4}$⸣ḫu-u̯a-ši-i̯a [I UDU ap-pa-an-zi] na-an
16’ [^{DING}]^{IR}Šu-le-en-k[at-ti-i̯a-aš $^{\text{NA}_4}$ḫu-u̯]a-ši-i̯a
17’ [ḫu-u-k]án[-zi pa-ra-a-ma I UD]U
18’ [ap-pa-an-zi na-an KÁ.GAL-a]š$^{?}$

Rs. r.Kol.

---

x+1 NINDA^{ḪI}⸢^{A}⸣-[ma-az
2’ ú-d[a-i

Nummer 128 (82/v)

CTH: 646
Datierung: jh. (spät)
Anschlüsse: -
Duplikate: -
Bearbeitung: -

x+1 [ ]x x ⸢DINGIR⸣^{LIM} [
2’ [ ] MUNUS.LUGAL ZI-za {Ras.} n[a-
3’ [ ]-⸢i⸣ [ ]

4’ [ ]x-ti *ŠA* x[
5’ [^{GI}]^{Š}*LE-U*$_5$ x[

---

226 E und EP über Rasur.

Nummer 129 (221/v)

CTH: 646
Datierung: jh.
Anschlüsse: -
Duplikate: -
Bearbeitung: -

x+1 [^{GIŠ}BAN]ŠUR-⸢i⸣ x[

2’ [ ]x MUNUS.LUGAL [
3’ [ ]x MUNUS.LUGAL NINDA.GUR[$_4$.RA
4’ [p]a-a-i MUNUS.LUGAL-aš pár-š[i-i̯a
5’ [MUNUS.L]UGAL NINDA.GUR$_4$.RA e-e[p-zi
6’ [^{GI}]^{Š}BANŠUR MUNUS.LUGAL x[

7’ [ ] ^{LÚ}ki-i-ta[-aš ḫal-za-a-i
8’ [pal-u̯a-tal-l]a-aš pal-u̯[a-a-iz-zi
9’ [ ]x x[

Nummer 130 (1876/u)

CTH: 647
Datierung: jh.
Anschlüsse: -
Duplikate: - (vgl. KBo 30.86 + KBo 30.87 (+) KBo 30.88 (+) KBo 43.217 (+) Bo 8086; KBo 25.186 (+) KUB 34.128 (+) KBo 38.31 (+) KBo 34.200 + KBo 34.191 (+) KBo 21.86 (+) KBo 30.146 (+) KBo 34.201; KBo 53.133)
Bearbeitung: -

lk.Kol.
x+1 [ ]x x
2’ [ ]x nu ḫu-u-ma-a[n(-)
3’ [p]í-an-zi
4’ [-t]u-u-⸢ri⸣
5’ [ ]x {Ras.} *Ú-UL* x
6’ [ ]x$^{\text{ḪI.A}}$ ša-ra-a
7’ [me-na-a]ḫ-ḫa-an-da
8’ [ ]x pár-ši-i̯a

9’ [ ]-⸢i⸣

10’ [ ]x

r.Kol.

x+1 [ ]x x x[
2’ ^{MUNUS}SANGA ^{DINGIR}Ḫal-ki-i̯a x[

3’ ^{DINGIR}*ZA-BA*$_4$*-BA*$_4$ ^{DINGIR}Ḫal-ma-a[š-šu-it-ti-in]
4’ GUB-aš *IŠ-TU* GAL ⸢e⸣-[ku-zi GIŠ ^{DINGIR}INANNA GAL]
5’ SÌR^{RU} NINDA.GUR$_4$.RA [pár-ši-i̯a
6’ nu-za MAŠ ^{LÚ}NAR x[
7’ da-a-i ^{GIŠ}ar-g[a-mi gal-gal-tu-u-ri]
8’ ḫa-az-⸢zi⸣-iš[-kán-zi

Nummer 131 (1975/u (+) 952/v)

CTH: 647
Datierung: jh.
Anschlüsse: (+) Bo 3451 + Bo 3899
Duplikate: -
Bearbeitung: P. Taracha, 5. IKH, p. 709

lk.Kol.

x+1 x x x x-⸢iš⸣ [
2’ da-a-i na-aš x[
3’ da-a-i še-ra-aš-⸢ša-an⸣ [

4’ na-aš-ta ^{LÚ}SAGI.A-aš [
5’ na-an ^{LÚ}GUDU$_{12}$ ^{DINGIR}IM *A*[*-NA*
6’ ^{LÚ}GUDU$_{12}$ ^{DINGIR}U *A-NA* NINDA.SIG$^{ḪI.⸢A⸣}$ [

7’ ^{LÚ}GUDU$_{12}$ ^{DINGIR}U ta-a-pí-š[a-na-an
8’ ši-pa-an-ti na-aš-⸢kán⸣ [
9’ EGIR-an pé-⸢e⸣-[

10’ $^{L[Ú}$GUDU]$_{12}$ ^{DINGIR}U t[a-pí-ša-na-an
11’ [ ] ⸢NINDA⸣.x[

r.Kol.

x+1 [ ]x[
2' [ ]x *A-N*[*A*
3' ⸢*ŠA*⸣ ^{DINGIR}Ka-ta[ḫ-ḫa
4' na-at ḫi-in-ká[n-

5' ^{LÚ}⸢SANGA⸣ ^{DINGIR}IMIN.IMIN.BI x[
6' *Ù* ^{LÚ}GUDU$_{12}$ ^{DINGIR}⸢Ka⸣-[taḫ-ḫa
7' ku-u̯a-aš-ša-an-zi x[

8' [^{L}]^{Ú}SANGA ^{DINGIR}IMIN.IMIN.BI x[
9' [ ]x DUMU.LUGAL [
10' [ ]x x[

Nummer 132a (152/v)

CTH: 647
Datierung: jh.
Anschlüsse: (+) KUB 20.45[227] + Bo 6896 + KBo 51.140 + KBo 52.121 (+) KBo 54.132b
Duplikate: -
Bearbeitung: P. Taracha, 5. IKH, p. 708; KBo 52, p. VIII (sub Nr. 121)[228]

x+1 [ ]x-u̯a-⸢an⸣-x x x [-z]i x[
2' [^{LÚ}G]UDU$_{12}$ ^{DINGIR}U iš-ta-na-x[
3' [ḫa-at-t]al-u̯a-aš GIŠ-i I-⸢*ŠU*⸣ ^{D}[^{INGIR}AB-i̯a I-*ŠU*

4' [a]n-da ú-da-i nu *A-NA* DUMU[.LUGAL
5' [iš-ta-n]a-ni *A-NA* NINDA.SIG^{MEŠ} še-er [
6' [ ]x ḫa-aš-ši ta-pu-uš[-za

7' [*A-NA* DUM]U.LUGAL pa-ra-a e-e[p-zi
8' [ši-p]a-an-ti GUNNI x[
9' [ ] I-⸢*ŠU*⸣ [

10' [ ]x-iz-zi [
11' [ ]x[

---

227 Vgl. die Umschrift bei D. Groddek, DBH 20, p. 76-79.
228 Literatur zur Tafel insgesamt bei S. Košak, Konkordanz 1.6, sub 645/u.

Nummer 132b (Bo 69/368)

CTH: 647
Datierung: jh.
Anschlüsse: (+) KUB 20.45 + Bo 6896 + KBo 51.140 + KBo 52.121 (+) KBo 54.132a
Duplikate: -
Bearbeitung: KBo 52, p. VIII (sub Nr. 121)[229]

Vs.

x+1 (= 2') pa[-]x x[
2' (= 3') GU[NNI]-⸢a⸣ -i [ ]

3' (= 4') LÚ ^{DINGIR}⸢IM⸣ [ ]x ^{DINGIR}IM[
4' (= 5') iš-ta-⸢na-ni⸣ [ ] ⸢nam⸣ -ma [
5' (= 6') GUNNI-i ta-p[u-uš-za] [ ]

6' (= 7') na-aš-kán an-da *I*[*-NA* *UŠ-KE-*]*EN* ^{LÚ}GUDU$_{12}$ ^{DINGI}[^{R}
7' (= 8') AN.TAḪ.ŠUM *A-NA* DUMU.LUGAL p[a- ^{DINGI}]^{R}Te-li-pí -n[u
8' (= 9') AN.TAḪ.ŠUM$^{ḪI.A}$ *A-NA* ^{GIŠ}ša-[*AŠ*]-⸢*RA*⸣ da-a[-i]

9' (= 10') GUNNI-ši an-dur-za I-*ŠU* ^{GIŠ}AB-i̯a ⸢I⸣-*Š*[*U*]x d[a-a-i]

Nummer 133 (1861/u)

CTH: 648
Datierung: jh.
Anschlüsse: -
Duplikate: -
Bearbeitung: -

lk.Kol.

x+1 [ ]x

2'' [ ]x x-an-ti

229 Literatur zur Tafel insgesamt bei S. Košak, Konkordanz 1.6, sub 645/u.

r.Kol.

x+1 x x[

2’ a-ku-u̯[a-an-na

3’ na-pa D[UMU-

4’ DUMU-aš *I-NA* x[

5’ a-da-an-na [

6’ [ ]x x x x[

Nummer 134 (1981/u + 1178/v + Bo 2965 + Bo 2701)

CTH: 647

Datierung: jh.

Anschlüsse: + KUB 53.17 + KUB 58.5

Duplikate: - (par. KBo 54.135; KUB 60.41 (+) KUB 54.50 (+) Bo 4958 (+) HHT 73 (+) Bo 7937)[230]

Bearbeitung: J.V. García Trabazo/D. Groddek, DBH 18, p. 14-15; D. Groddek, DBH 20, p. 41; P. Taracha, BiOr 64 (2007), Sp. 189; D. Groddek, IJDL Supplement 1, p. 7 Anm. 5; II 14’ („7’“) J. Tischler, HEG III 84; II 14’ („7“) E. Neu, RO 41 (1980), p. 83[231]

Vs. I

x+1 [ ]x[ ]x x ⸢pa-a-i LÚ^{MEŠ}⸣ [

2’ [ ]x pé-⸢ra-an⸣-ši-it e-ša-an-da

3’ [ma-a-an DUMU.LUG]AL ^{É}ar-ša-na-za ⸢ú⸣-iz-zi

4’ [ ] LÚ^{MEŠ} ḫa-zi-ú-i-i̯a-aš *A-NA* DUMU$^{!}$[232].LUGAL [

5’ [ ]x[ ]x-aš-ši pé-ra-an ḫu-u-i-i̯a-an-zi

6’ ⸢MUNUS.MEŠ⸣[ ]x-pát-ḫa tág-gur-ku-um-ni-li pé-ra-an SÌR<^{RU}>

7’ ^{GIŠ}GIDRU$^{\text{ḪI.A}}$-m[a a]n-da u̯a-al-ḫi-iš-kán-zi

8’ DUMU$^{!}$.LUGAL ^{É}ḫa-li-in-tu-u-u̯a$^{!}$[233]-aš pa-iz -zi

---

9’ ⸢DUMU$^{!}$⸣.LUGAL DINGIR^{MEŠ}-aš *UŠ-KE-EN* I NINDA.GUR$_4$.RA DUMU$^{!}$.LUGAL pár-ši-i̯a

---

230 Zu Vs. II 4’ff. vgl. auch IBoT 3.45.

231 Literatur zur Tafel insgesamt bei S. Košak, Konkordanz 1.6, sub 1981/u. Der Vollständigkeit halber verdient auch eine Dresdner Magisterarbeit der Erwähnung: Witt, Michaela, Transkription, Übersetzung und Kommentar eines hethitischen Textes (KBo 54.134), Dresden 2007.

232 Zeichen I, so öfters auf der Tafel.

233 Zeichen ŠI.

10’ ^{LÚ}GUDU$_{12}$ iš-ta-na-ni da-a-i

11’ ⌈EGIR⌉-*ŠÚ* ⌈iš⌉-pa-an-tu-zi GEŠTIN III-⌈*ŠU*⌉ ši-ip-pa-an-ti

12’ [DUMU.L]UGAL *UŠ-KE-EN* ta-za pé-e-da-aš-ši-it e-ep-zi

13’ [^{LÚ}GUD]U$_{12}$ DUMU$^{!}$.LUGAL GU$_{4}$ UDU$^{\text{ḪI.A}}$ ZU.UḪ.ḪI I GU$_{4}$ XX UDU$^{\text{ḪI.A}}$

14’ [iš-t]a-na-ni ḫu-u-uk-zi EGIR-*ŠÚ* iš-ḫa-ni-i EGI[R-an-d]a

15’ [*IŠ-T*]*U* KAŠ.GEŠTIN *AŠ-RI*$^{\text{ḪI.A}}$ ir-ḫa-a-an-zi [ ]

16’ [te t]i-⌈i̯a⌉-an-zi ^{UZU}NÍG.GIG$^{!}$ *AŠ-RI*$^{\text{ḪI.A}}$ d[a-pí-an-d]a

17’ [ ] EGIR-*ŠÚ* ^{LÚ}GUDU$_{12}$ TA KAŠ.G[EŠTIN

18’ [ ] [

19’ [ ] ⌈e⌉-x[-a]n-zi

Vs. II

x+1 [mar-nu-an-da-aš iš-pa-an-tu-uz-zi-aš-šar DUMU-l]i ⌈pa-a⌉-i

2’ [DUMU-aš DINGI]R$^{\text{⌈MEŠ⌉}}$ p[é-ra-an n-*ŠU* ši-i]p-pa-an-ti

3’ [n]a-aš-kán pa-ra-a [pa-iz-z]i na-aš ^{GIŠ}KÁ.GAL

4’ ti-an-zi nu-uš-⌈ši⌉[234] [*Š*]*U-ŠI* IX UDU$^{\text{ḪI.A}}$ pé-ra-an

5’ šar-ra-an-zi XXIV UDU$^{\text{ḪI.A}}$ *A-NA* XII $^{\text{LÚ.MEŠ}}$SANGA

6’ IX UDU$^{\text{ḪI.A}}$ *A-NA* III $^{\text{MUNUS.MEŠ}}$AMA<.DINGIR>^{LIM} III UDU ^{MUNUS}ŠU.GI LUGAL

7’ III UDU$^{\text{ḪI.A}}$ $^{\text{LÚ.MEŠ}}$ḫa-a-⌈pí⌉-i̯a-aš II UDU ^{LÚ}MAŠKIM URU^{LIM}

8’ II UDU $^{\text{LÚ.MEŠ}}$EN.NU.⌈UN⌉ ^{GIŠ}TIR II UDU ^{LÚ}GUDU$_{12}$

9’ II UDU LÚ$^{\text{MEŠ DINGIR}}$U II UDU É Zi-⌈ik⌉-mu-uḫ ^{LÚ}KISAL.LUḪ

10’ I UDU É Ḫal-ki-i̯a-aš ^{LÚ}KISAL.LUḪ II UDU

11’ *A-NA* $^{\text{LÚ.MEŠ}}$NAR ^{URU}Ḫa-an-ḫa-ni III UDU ⌈LÚ⌉ $^{\text{MEŠ GIŠ}}$GIDRU

12’ III UDU$^{\text{ḪI.A}}$ $^{\text{LÚ.MEŠ}}$SAGI.A II UDU LÚ$^{\text{MEŠ GIŠ}}$BANŠUR

13’ II UDU $^{\text{LÚ.MEŠ}}$MUḪALDIM I UDU $^{\text{LÚ.MEŠ}}$ḫa-a-li-i̯a-me-i̯a-aš

14’ I UDU ^{LÚ}*MU-RE-E-DI* I UDU ^{LÚ}NINDA.DÙ.DÙ

15’ II UDU $^{\text{LÚ.MEŠ}}$ALAM.ZU$_{9}$ II UDU $^{\text{LÚ.MEŠ}}$NAR LUGAL

16’ III UDU $^{\text{LÚ.MEŠ}}$DUB.SAR IV UDU $^{\text{LÚ.MEŠ}}$DUB.SAR.GIŠ

17’ I UDU ^{LÚ}ZABAR.DAB šar-ra-an -zi

---

234 Das Zeichen ŠI ist in der Autographie versehentlich nicht getuscht. Entsprechend wäre die nach dieser Stelle erfolgte Ergänzung des Paralleltextes KUB 60.41 (+), Rs. 8’, bei D. Groddek, DBH 20, p. 42, von nu-uš zu nu-uš-ši zu korrigieren.

18' DUMU-aš-kán an-da pa-iz-zi nu du-un-na-ak-kiš-na
19' ḫal-zi-i̯a LÚ^{MEŠ} [T]U$_7$ ^{TU_7}ḫa-pa-an-zi-ri![235] DUMU-li da-a-i
20' da-pí-an-ti-i̯a [p]a-a-i DUMU-aš ^{DINGIR}U ^{DINGIR}UTU
21' ^{DINGIR}Ḫa-at-tág-ga [TU]Š?[236]-aš e-ku-zi NINDA.GUR$_4$.RA pár-ši-i̯a-na-i
22' ^{LÚ}GUDU$_{12}$ i[š-ta-n]a-ni zi-ik-⸢ki⸣-zi
23' DU[MU.LUGAL -i̯]a-zi XII a-pu-u-uš-pát DINGIR^{MEŠ}

Nummer 135 (852/v)

CTH: 648
Datierung: ?[237]
Anschlüsse: -
Duplikate: - (par. KBo 54.133 + KUB 53.17 + KUB 58.5 Vs. II; KUB 60.41 (+) KUB 54.50 (+) Bo 4958 (+) HHT 73 (+) Bo 7937 Rs.)
Bearbeitung: D. Groddek, IJDL Supplement 1, p. 7 Anm. 5; J.V. García Trabazo, DBH 18, p. 14; P. Taracha, BiOr 64 (2007), Sp. 189; D. Groddek, DBH 20, p. 41

x+1 [ ] ⸢*A-NA*⸣ x[
2' [ ] ^{LÚ}EN.NU.U[N ^{GIŠ}TIR
3' [L]Ú ^{DINGIR}IM I U[DU
4' [É Ḫal-ki-i̯]a-aš ^{LÚ}KISAL.LU[Ḫ
5' [UDU]$^{ḪI.A}$ ^{LÚ}SA[GI
6' [LÚ $^{GI]Š}$BANŠUR [

Nummer 136 (146/v)

CTH: 649
Datierung: jh.
Anschlüsse: -
Duplikate: -
Bearbeitung: -

---

x+1 [ ] ⸢É⸣.GAL NIN.⸢DINGIR⸣-[
2' [ ]x ^{GIŠ}ZA.LAM.GAR-aš [
3' [ ]x-pa ^{GIŠ}za-⸢ḫur⸣-ti-i[n

---

235 Zeichen ḪU.
236 Oder GUB.
237 Signifikante Zeichenformen fehlen.

4'' [ ]x [

5'' [ ]x-⸢ti⸣-x[

Nummer 137 (1958/u)

CTH: 652
Datierung: jh.
Anschlüsse: -
Duplikate: -
Bearbeitung: -

x+1 [ ]x x x[
2' [L]Ú DINGIR U TÚG DING[IR *LIM*
3' LUGAL-uš *QA-T*[*AM-MA*
4' ḫu-uk-ma[-

5' LUGAL-uš NIND[A
6' ta-a [(-)
7' ⸢LUGAL⸣-u[š

Nummer 138 (91/v)

CTH: 653
Datierung: jh.
Anschlüsse: -
Duplikate: -
Bearbeitung: -

x+1 [ ]x x[
2' [u̯a-ap-p]í-⸢an⸣-[zi
3' [ ]x DINGIR *LIM*-⸢i̯a⸣ [

4' [k]ur-ši DINGIR LAMMA x[
5' [ ] na-an-kán *A-NA* [
6' [LÚ.MEŠ UR.GI$_7$ u̯a-a]p-pí-i̯a-an [-zi]

7' [ ]-⸢zi⸣ I NINDA.GUR$_4$.RA [
8' [-]zi I NINDA.GUR$_4$[.RA
9' [ ] e-ku-zi [

10’ [SÌR^{R}]^{U} $^{LÚ.MEŠ}$UR[.GI$_7$ u̯a-ap-pí-i̯a-an-zi

11’ [^{DINGIR}Zi-it-]ḫa-ri-i̯a-x[
12’ [ ] na-an-⸢ni⸣-[an-zi

Nummer 139 (99/v)

CTH: 653
Datierung: jh.
Anschlüsse: -
Duplikate: -
Bearbeitung: -

Vs.
x+1 [ ]x x[
2’ [ ]x x ⸢i⸣-i̯a-⸢an⸣-z[i]
3’ [ ]x GADA ḫar-kán-zi nu u̯a[-
4’ [ ]x ⸢a-ku-u̯a⸣-an-zi ^{DINGIR}UTU^{AŠ} TUŠ-aš ^{DINGIR}U[
5’ [ ] ^{DINGIR}LAMMA ^{URU}Za-pa-ti-iš-ku-u̯a GUB-aš [ ]
6’ [ ]x-an GUB-aš ^{NINDA}ta-kar-mu-uš NU.GÁL
7’ [$^{LÚ.MEŠ}$SÌR SÌR^{R}]^{U} $^{LÚ.MEŠ}$UR.GI$_7$ u̯a-ap-pí-an-zi

---

8’ [ma-aḫ-ḫa-a]n TU$_7^{HI.A}$ a-ri nu a-da-an-na ú-⸢ek⸣-[zi]
9’ [ ]x-na ku-i-uš ak-ku-uš-ki-iz-zi [ ]
10’ [a-pu-u-u]š-pát DINGIR^{MEŠ} ir-ḫa-a-an-zi šu-up-pa [
11’ [IZI-it za-n]u-u̯a-an-zi na-at ⸢pa-ra⸣-a ḫar-ká[n-zi]

12’ [-]ka-pa-pár-u̯a še-eš-zi nu a-pí-i̯a-⸢i̯a⸣
13’ [(-)p]í-an-zi i-i̯a-an-zi-i̯a *QA-TAM-MA*
14’ [ ]x-an-zi šu-⸢up-pa⸣ [ḫu]-⸢e⸣-šu
15’ [-z]i$^{?}$ na-at x[-a]n-⸢zi⸣ [ ]

Rs.
x+1 [ ]x x[
2’ [-r]a-an x[
3’ [ ]x x-an-ni [
4’ [ ]x na-an-ni-an-z[i
5’ [a]n-da ar-nu-u̯a-a[n-zi

6’ [ka]t-ta da-an-zi x[
7’ [ ]x ZAG.GAR.RA-i̯a KÙ.BABBA[R
8’ [ ]x II MÁŠ.GAL-ma a[z-
9’ [ ]x-ri-i̯a-an ⸢^{UZU}⸣Ì [
10’ [ ]x IV MÁŠ.GAL ^{L}[^{Ú}

Nummer 140 (163/v)[238]

CTH: 653
Datierung: jh.
Anschlüsse: -
Duplikate: -
Bearbeitung: -

x+1 [ ]-⸢ra⸣-an-d[a]
2’ [ ]x-i
3’ [ ]x-aš-ma-aš-⸢ša⸣-an
4’ [-i̯]a-an-zi
5” [ ]

6” [ḫa-a]p-pí-ni -it
7” [za-nu-u̯a-an-zi k]al-ti da-a-i
8” [ ] SAG.DU^{MEŠ} GÌR^{MEŠ} KUŠ ⸢UZ$_6$⸣ ši-pa-a[n-ti]

9” [š]u-⸢uḫ⸣-ḫa-an -zi
10” [-z]i nu-za a-da-an-zi
11” [$^{\text{LÚ.MEŠ}}$UR.G]I$_7$ u̯a-ap-pí-⸢i̯a⸣-an-zi
12” [ ]-⸢a⸣-i
13” [pár-š]i-i̯a
14” [pá]r-ši-⸢i̯a⸣

Nummer 141 (211/v)

CTH: 653
Datierung: jh.
Anschlüsse: -
Duplikate: -
Bearbeitung: -

---

238 Bei S. Košak, Konkordanz 1.6, sub 163/v, fehlt die Editionsangabe KBo 54.140.

---

x+1 [ ]x a-a[p-
2’ [-]ta ^{É}x[
3’ [-a]š-ša-an-z[i

4’ [ ]x-⸢eš-šar⸣ e-eš-zi [
5’ [ ]x^{TIM} an-da-an nu a-pí-x[
6’ [ ]x-up-pé-eš-ni pa-iz-z[i
7’ [ ]x[-a]z ḫa-an-⸢da⸣-a-iz [-zi]

8’ [ ]x na-at-ša-an ḫa[-
9’ [a]r-nu-uš-kán -zi [ ]

10’ [ ]x $^{\text{LÚ.MEŠ}}$UR.GI$_7$ an-x[
11’ [ ]x-ri-i̯a-al-li [
12’ [ ]x ki-it-ta[-ri
13’ [ ]x x x[

Nummer 142 (213/v)

CTH: 653
Datierung: jh.
Anschlüsse: -
Duplikate: -
Bearbeitung: -

x+1 [$^{\text{LÚ.MEŠ}}$]UR.GI$_7$ [
2’ [ ]x-šu-ra-x[
3’ [ ]x ^{URU}Ni-n[u-u̯a
4’ [ ]x-kán a-ku[-
5’ [-]kán x x[

Nummer 143 (245/v + 272/v)

CTH: 653
Datierung: jh.
Anschlüsse: -
Duplikate: -

Bearbeitung: Vs. 4(') O. Carruba, Kadmos 6 (1967), p. 90.92; Vs. 4(') V. Haas, HbOr I/15, p. 537 Anm. 383; I 7' E. Neu, StBoT 18, p. 100; I 10(') H. Berman, Diss., p. 139; Rs. 3' H.A. Hoffner, FS Güterbock, p. 114; Rs. 6(') E. Neu/H. Otten, IF 77 (1972), p. 186; Rs. („II") 6(') H. Berman, Diss., p. 44; Rs. 8' V. Haas, AoF 5 (1977), p. 270 Anm. 7

Vs.$^{?}$

x+1 [ ]x[ ]x x x[
2' ⸢I$^{?}$⸣ NINDA.GUR$_4$.RA pár-ši-i̯a na-an-ká[n
3' $^{LÚ.MEŠ}$UR.GI$_7$ u̯a-ap-pí-an-zi ⸢EGIR⸣-x x[
4' ḫu-u-ma-an-te-eš *IŠ-TU BI-IB-RI* TI$_8$⸢^{MUŠEN} KÙ⸣.BABBA[R
5' nu II NINDA.GUR$_4$.RA^{MEŠ} ú-da-an-zi nu I NINDA.GUR$_4$.⸢RA⸣ pár-ši-i̯[a
6' šu-up-pí-i̯a-an-da-an *I-NA* ^{GIŠ}BANŠUR-*ŠU* da-a-i [ ]

7' EGIR-an-da-ma-aš-ši ku-iš DINGIR^{LUM} a-aš-šu-uš nu ⸢a-pu⸣-u-un DINGIR^{LAM} [e-ku-zi[239]]

8' ma-a-an-za ku-i-ša DINGIR^{LAM} *I-NA* É-*ŠÚ* ḫal-za-a-⸢i⸣ nu-kán I MÁŠ.GA[L
9' ši-pa-an-ti nam-ma-an ḫa-at-ta-an-zi ḫu-u-kán-zi-⸢ma⸣ [
10' nu ⸢^{UZU}⸣iš-ga-ra-an-da ḫa-ap-pí-ni-⸢it⸣ za-a-nu-u̯[a-]a[n-zi
11' ^{DUG}ḫar-ši-i̯a-al-li ti-an-zi ma-aḫ-ḫ[a-an
12' nu ⸢NAG⸣-na ú-e-ek-zi nu [
13' [ ]x *QA-TAM-MA* [

Rs.$^{?}$

x+1 [ ] ZÍZ x x x [ ]x x x[
2' [*PA-*]*NI* DINGIR^{LIM} ^{GIŠ}Š[UKUR]x-mi ^{URUDU}x x[
3' [DINGIR]^{LAM} ⸢É⸣ ar-za-na-aš pa-iz-zi ⸢GIM⸣-[a]n x[
4' ⸢a-ri⸣ nu KÁ-⸢aš⸣ pé-ra-an ke-e-ez ke-e-ez-z[i-i̯a
5' a-ra-an-da-ri *IŠ-TU* GAL u̯a-a-⸢tar⸣ ḫar-kán-z[i
6' kal-ú-u̯i$_5$-ša-ni-⸢eš⸣ GAR-ri nu ⸢DINGIR^{LAM}⸣ ^{GIŠ}ŠUKUR$^{ḪI.⸢A⸣}$ [
7' na-aš-ta DINGIR^{LAM} É-ri an-da pé-e-da-an[-zi

8' nu *A-NA* ^{GIŠ}ŠUKUR$^{ḪI.A}$ ^{GIŠ}e-i̯a-an GAM-an iš-pár-r[a-an-zi

---

239 Vgl. e.g. KUB 11.22 Rs. IV 12'-13'.

9’ nu-kán *A-NA* ^{DINGIR}LAMMA I MÁŠ.GAL ši-pa-an-da-an-z[i
10’ [ḫa-]aš-ši-i ḫa-at-ta-an-zi na-an-kán [
11’ [-i]n ⌜MÁŠ⌝.GAL šu-⌜up⌝-pa-⌜ma⌝ ḫ[u-

Nummer 144 (1848/u)

CTH: 660
Datierung: jh.
Anschlüsse: -
Duplikate: KBo 54.145 Rs. 3’-10’ (//x+1-6’)[240]
Bearbeitung: -

x+1 [ ] ^{DUG}G[ÌR.GÁN KÙ.BABBAR]
2’ [...]x [...-zi]

3’ [GEŠ]TIN ša-ra-a III-*ŠU* [ ]
4’ [kar-ap-zi kat-ta-i̯a] ⌜III⌝ -*ŠU* la-ḫu-u̯a-a-i n[am-ma]
5’ [GAL GEŠTIN iš-pa-an-t]u-uz-zi-i̯a ḫa-ni-i[š-ki-u-u̯a-an]
6’ [da-a-i G]ÌR$^{!}$.GÁN ⌜KÙ⌝.BAB[BAR

Nummer 145 (860/z)

CTH: 660
Datierung: jh.
Anschlüsse: -
Duplikate: KBo 54.144, x+1-6’ (//Rs. 3’-10’)
Bearbeitung: -

Vs.

---

x+1 [ ]x
2’ [-a]n ti-an-zi
3’ [ḫ]ar-za-zu-⌜ta⌝
4’ [ ] -zi

5’ [GU]NNI
6’ [GUNN]I da-a-i
7’ [ ]x x

---

240 Zu Z. 3’ff. vgl. auch KUB 44.22, 10’ff., und KUB 20.39 II$^{?}$ 3ff., vgl. die Umschrift bei D. Groddek, DBH 13, p. 67.

Rs.

x+1 [ ]x[
2’ [ZA]BAR.DAB x[
3’ [^{DUG}GÌR.]GÁN KÙ.⸢BABBAR⸣ x x[
4’ [ ]x -zi

5’ [GEŠTIN] ša-ra-a III-*ŠU*
6’ [kar-ap]-⸢zi⸣ kat-ta-i̯a III-⸢*ŠU*⸣
7’ [la-ḫu-u̯]a-a-i nam-ma GAL GEŠTIN
8’ [iš-pa-a]n-tu-zi
9’ [ḫa-ni-i]š-ki-u-u̯a-an[241] da-a-i
10’ [^{DUG}GÌ]R.GÁN KÙ.BABBAR
11’ [ ]x-a-i

12’ [-z]i
13’ [kat-ta-k]u-ra-an-du-uš
14’ [ ]x NA_4-i
15’ [ZAG.GAR.R]A da-a-i

16’ [ ]x

Nummer 146 (217/v)

CTH: 663
Datierung: jh.
Anschlüsse: -
Duplikate: -
Bearbeitung: -

x+1 ⸢GU$_4$.MAḪ *A-NA*⸣ [
2’ *A-NA* GUNNI [

3’ ^{DINGIR}Ḫi-i-la-aš-ši ⸢*A*⸣-*N*[*A*
4’ I-*ŠU* BAL-an-ti ⸢an⸣-[
5’ ta-pu-uš-za ZAG-az ⸢I⸣ [

6’ nu XIII ^{NINDA}ta-⸢kar⸣-m[u-
7’ ⸢na-aš LÚ ^{DINGIR}⸣[U

---

241 Am Ende des Zeichens AN mit Rasur.

Nummer 147 (1954/u + Bo 918)

CTH: 618
Datierung: jh.
Anschlüsse: + IBoT 4.79
Duplikate: KUB 58.3 IV 15'-24'[242] (//r. x+1-10'); KBo 53.151 r. 2'-10' (//r. x+1-9')
Bearbeitung: J.V. García Trabazo/D. Groddek, DBH 18, p. 5; P. Taracha, BiOr 64 (2007), Sp. 188; D. Groddek, DBH 23, p. 61f.

lk.Kol.
x+1 [ ]x

r.Kol.
x+1 [LU]G[AL-i pa-ra]-⌜a e⌝-[ep-zi]
2' LUGAL-uš *QA-TAM* d[a-a-i]
3' UGULA $^{\text{LÚ.MEŠ!}}$MUḪALDIM ḫa-aš-ši-⌜i⌝ [ ]
4' I-*ŠU* ši-ip-pa-an-ti [ ]
5' UGULA $^{\text{LÚ.MEŠ!}}$MUḪALDIM UGULA LÚ$^{\text{MEŠ GIŠ}}$B[ANŠUR-i̯a]
6' an-da šu-up-pí-i̯a-aḫ-ḫa-a[n-zi]

7' UGULA $^{\text{LÚ.MEŠ}}$MUḪALDIM ^{KUŠ}kur-ši [pé-ra-an]
8' I-*ŠU* ši-ip-pa-an-ti [ ]
9' ^{GIŠ}DAG-ti I-*ŠU* ^{GIŠ}AB-i̯[a]
10' [I-*ŠU*] ḫa-aš-ši-i iš-tar-n[a]

Nummer 148 (1976/u)

CTH: 594[243]
Datierung: jh.
Anschlüsse: -
Duplikate: - (par. KUB 10.17 II 14'ff.; KUB 2.15 + IBoT 4.199 I 5'ff.[244])
Bearbeitung: D. Schwemer, AOAT 318, p. 407; D. Groddek, DBH 23, p. 49

x+1 [^{GIŠ}DAG-ti da]-⌜a-i a⌝-[pa-a-aš-ša EGIR-pa]
2' [pa-iz-zi n]a-aš ⌜tar⌝-š[a-an-zi-pí]
3' [pé-ra-an ti-]i̯a-zi ⌜nu⌝ [ka-a-aš-mi-iš-ša-a]
4' [ḫal-za-i DUMU^{MEŠ}] ⌜É⌝.GAL LUGAL MUNUS.LU[GAL
5' [*ME-E QA-T*]*I* ḫu-u-up-pár GUŠKIN [ ]

---

242 Vgl. die Umschrift bei J.V. Garcá Trabazo/D. Groddek, DBH 18, p. 9.
243 Oder CTH 670 bzw. CTH 678, siehe S. Košak, Konkordanz 1.6, sub 1976/u.
244 Vgl. die Umschrift bei D. Groddek, DBH 30, p. 98-99.

6' [pé-e-da-an-z]i *ŠA* GIŠ⸢ŠUKUR-ma⸣ [
7' [ ]x x[

Nummer 149 (53/v)

CTH: 666
Datierung: jh. (spät)
Anschlüsse: -
Duplikate: - (par. KUB 53.23 Vs. 3'ff.[245])
Bearbeitung: M. Popko, StBoT 50, p. 98; D. Groddek, DBH 23, p. 159

Vs.?

x+1 [iš-ta-na-ni pé-ra-a]n III-*ŠU* ši-pa-a[n-ti]

2' [LÚpal-u̯a-a-tal-la-aš p]al-u̯a-a-iz-z[i]
3' [GUNNI-i III-*ŠU* DINGIRT]e-li-pí-nu
4' [ ]-⸢i⸣ I-*ŠU*
5' [ ]
6'(!)[I-*ŠU* ši-pa-an-t]i

7' [ ] da-a-i
8' [ ]-⸢ši⸣
9' [ ]x x x-⸢i⸣

Rs.?

x+1 [iš-pa-an-tu-uz-z]i-aš-šar

Nummer 150 (147/v)

CTH: 678
Datierung: jh. (spät)
Anschlüsse: -
Duplikate: KUB 55.60 + KUB 25.25 + KUB 58.31 + KUB 59.32 + Bo 3315 + Bo 3332+ 1054/u (+) KBo 53.212 (+)? KUB 9.24 Rs. IV 37'ff. (// 5'ff.)[246]; KUB 56.54; KBo 52.199[247]

---

245 Weitere Parallelstellen bei D. Groddek, DBH 23, p. 159.

246 Der Text von x+1-4' scheint gegenüber dem Duplikate abzuweichen.

247 Zur Textzusammenstellung vgl. C. Corti, StudAs 5, p. 17/18. Zur Reduktion der dort gegebenen beiden Tafelteile Bo 3332 + und KUB 55.60 + auf nur eine Tafel siehe S. Košak, Konkordanz 1.6, aub 1054/u mit Joinskizze, in der die Beschriftung des Fragmentes 1054/u versehentlich nicht eingetragen ist und in Rs. IV in das Fragment unterhalb von Bo 2546 nachzutragen wäre. Allerdings gibt S. Košak, Konkordanz 1.6, sub 1054/u, das Fragment Bo 3315 sowohl als Anschlußstück als auch als Duplikat zur Tafel 1054/u +. Letztlich bleibt die von C. Corti angekündigte Bearbeitung des Textes abzuwarten.

Bearbeitung: C. Corti, StudAs 5, p. 17; V. Haas, KN, p. 89 Anm. 4[248]; 8’ H.A. Hoffner, Al.Heth., p. 171; 8(’) CHD *L/N* 184 s.v. *mari-*; 9’ H.A. Hoffner, Al.Heth., p. 161; 10’ff. P. Taracha, DBH 27, p. 104 Anm. 550; 11(’) C. Rüster, FS Otten^2, p. 305; 11(’) P. Cotticelli-Kurras, FS Košak, p. 190; 13(’) H.M. Kümmel, StBoT 3, p. 78

x+1 [ ]x^{MEŠ} [

2’ [ ]-⌜i⌝ DINGIR.MAḪ a-x[
3’ [ ]x-ri DINGIR$^{\textit{LUM}}$ EGI[R-
4’ [ ]x ^{LÚ}NAR i-i̯a-at-t[a
5’ [-a]n-zi III NINDA.GUR$_4$.RA *UP-NU* I ^{DUG}*Ḫ*[*A-BÁ-NA-TUM* GEŠTIN-i̯a-kán ar-ḫa ...
6’ [-z]i *BI-IB-RI*$^{\text{ḪI.A}}$-kán šu-u-u̯a-a[n-zi
7’ [ ]x nu-uš-kán ti-i̯a-an-zi [ ]

8’ [-ri]x I BÁN Ì.NUN ma-ri-uš ḫu-l[i-[249]...-uš
9’ [-*ŠÚ* pár-ši-i̯a G]A.KIN.AG ḫu-ul-li-ti-in [
10’ [^{DINGIR}Za-aḫ-pu-na] na-at *I-NA* É ^{DINGIR}Za-aḫ-pu-n[a pé-tan$_{\text{x}}$-zi]

11’ [... -n]u-uš-ša uk<<-ku-ud>>-du-ri-x[
12’ [...]x SANGA *IŠ-TU* É-*ŠU* x[
13’ [-z]i na-aš VI ^{NINDA}ḫar-pu-na-⌜aš⌝ [
14’ [ ]x-an-tén Z[A]G-za an-da-an [
15’ [ZA]G-za GÙB[-l]a-za ti-i̯a[-
16’ [ ] nu šal-li NISABA x x[
17’ [-z]i nu ta-dam-ma[-

18’ [ ]x-kán *A-NA* [
19’ [-i]š ták-ša-a[n
20’ [ ]x ^{DINGIR}Za-aḫ[-pu-na
21’ [-]pí-AḪ-x[
22’ [ ]x[

---

248 Unüberlegt als „1054/u + 147/v“ zitiert.

249 ḪU und LI übert Rasur.

Nummer 151 (1825/u)

CTH: 666
Datierung: jh.
Anschlüsse: -
Duplikate: -
Bearbeitung: M. Popko, StBoT 50, p. 98

Vs.

x+1 [-z]i? n[a-
2' [L]UGAL-uš ḫa[-li-i̯a
3' [na]m-ma a-ru-u̯[a-iz-zi
4' [LÚki]-⸢i⸣-ta-aš ḫal[-za-a-i

5' [p]a-iz-zi x[
6' [ ]x ti-i-e-ez-z[i
7' [II MUNUS.MEŠS]ANGA III LÚ.⸢MEŠ⸣S[ANGA
8' [LÚ.MEŠ] SANGA *A*[*R-KU-TIM*
9' [ ]x[

Rs.

x+1 [ ]x x[
2' [ ]x-⸢pát⸣ ḫar[-zi]

3' [II DUMUMEŠ] ⸢É⸣.GAL-ma I LÚ[*ME-ŠE-DI*]
4' [LUGAL-i pé-r]a-an ḫu-i̯a-a[n-te-eš
5' [ ]x an-da É[
6' [L]UGAL-uš-za-k[án
7' [ ]x-pí an-d[a
8' [ ]x-ar x[

Nummer 152 (1826/u)

CTH: 670
Datierung: jh.
Anschlüsse: -
Duplikate: -
Bearbeitung: -

x+1 [ ]x[

2’ [ ] ^{DINGIR}UTU$^{\check{S}I}$ x[

3’ [E]ZEN$_4$^{MEŠ} na-x x x[

Nummer 153 (1831/u)

CTH: 670

Datierung: jh. (spät)

Anschlüsse: -

Duplikate: -

Bearbeitung: -

x+1 [ ]x-⌜*ŠÚ*⌝ [

2’ [ ]x u̯a-aš-š[a-

3’ [ ] ⌜ma⌝-a-an LÚ^{MEŠ} x[

4’ [ ]x ^{GIŠ}BANŠUR$^{\text{ḪI.A}}$ x[

5’ [ta-g]a-a-an ḫa-li-i̯a-a[n-zi

6’ [ ]-⌜u̯a⌝-an-zi [ ]

7’ [-a]š-ša-an-z[a]x

8’ [ ]x x[

9’ [ ]x[

Nummer 154 (1849/u)

CTH: 670

Datierung: jh.

Anschlüsse: -

Duplikate: -

Bearbeitung: D. Groddek, IJDL 3 (2006), p. 119 Anm. 28; 3’.7’ M. Forlanini, Eothen 16, p. 166

---

x+1 [ ]-⌜kiš⌝-zi [

2’ [ ]x x x-⌜te⌝-eš ḫal-za-a-⌜i⌝ [

3’ [ ]x-pu-ru-uš *INA* ^{URU}Ḫa-ḫa-ni GIM-a[n

4’ [ ]x-u-u̯a-aš pa-a-an-zi ^{GIŠ}ZAG.GAR-ni [

5’ [ ]x-x-kán LUGAL-uš *A-NA* ^{DINGIR}UTU ^{URU}A-ri-⌜na⌝ [

6’ [ ]x KASKAL^{NI}-ma-kán *A-NA* ^{DINGIR}U ^{URU}Ne-ri-ik [

7’ [-i̯]a-zi LÚ$^{\text{MEŠ URU}}$Ḫa-te[250]-na {Ras.} ^{LÚ}SANG[A
8’ [*A-N*]*A* ^{DINGIR}UTU ^{DINGIR}Tap-pí-nu ^{DINGIR}U $^{\text{⸢URU⸣}}$x[
9’ [^{DINGIR}G]AL.ZU ^{DINGIR}U Ú.SAL ^{DINGIR}Za-aḫ-p[u-na
10’ [ḫ]u-up-pár GEŠTIN pí[-[251]
11’ [^{URU}Ḫ]a-at-te-na [
12’ [ ]x-⸢ne⸣-[

Nummer 155 (1860/u)

CTH: 670
Datierung: jh. (spät)
Anschlüsse: -
Duplikate: -
Bearbeitung: -

---

x+1 [ ]x-aš-mi-it [
2’ [ ]x-aš ar-ḫa a-pí[-
3’ [-š]a [

4’ [-z]i ^{TÚG}NÍG.LÁM^{MEŠ}-i̯a k[u-
5’ [ ] x x x-⸢ša⸣-an-zi [
6’ [ ]x[-i]š[-

Nummer 156 (1874/u)

CTH: 655
Datierung: jh.
Anschlüsse: + KBo 60.116 + KBo 3.63 (+) HFAC 40[252]
Duplikate: KBo 3.64 + KUB 12.28 + Bo 3243[253] + Bo 3435 Vs. II 23’-33’(//Vs. II 9’-19’); KBo 3.66; KBo 3.65; KBo 60.104

---

250 Zu Beginn des Zeichens TE mit Rasur.

251 Unterhalb der Z. 10’ finden sich zu Beginn noch Teile eines nicht durchgezogenen Paragraphenstriches.

252 Für eine Umschrift von KBo 3.63 (+ HFAC 40) ohne Anschluß an KBo 54.156 (und KBo 60.116) siehe G. Beckman, FS Haas, p. 54.

253 Unter Bo 3243 bei F. Fuscagni, HPMM 6, p. 17, mit Umschrift von Rs. 2’-13’, herrscht heilloses Durcheinander. Beim ausgeschriebenen Texte handelt es sich um Bo 3245, nicht um Bo 3243, vgl. F. Imparati, Or 59 (1990), p. 166, mit der Angabe „IBoT II 131 ... et son duplicat Bo 3245“, wiewohl einige der Literaturangaben, wie „H. Otten, StBoT 13, 29“ sich auf Bo 3243 beziehen. Vor allem ist die Angabe „Duplikat KUB III 63 (+) HFAC 40“ in „Duplikat KBo 3.63 (+) HFAC 40“ zu korrigieren.

Bearbeitung: -[254]

Vs. II

---

x+1(= 9') a-ap-pa-ma *A-NA* ^{DINGR}UTU I MÁŠ.GAL
2' (= 10') a-ra-aḫ-za-pát ḫu-kán-zi III NINDA.GUR$_4$.RA pár-ši-i̯a
3' (= 11') ^{UZU}šu-up-pa ḫu-u[255]-i-šu SAG.⌈DU⌉ MÁŠ.GAL
4' (= 12') GÌR^{MEŠ}-*ŠU-NU* {Rasur} KUŠ MÁŠ.GAL ^{UZU}ZAG.UDU
5' (= 13') ^{UZU}GABA da-a-i ^{UZU}NÍG.GIG za-nu-u̯a-an-zi
6' (= 14') na-at ḫar-ša-aš še-er [d]a-a-i
7' (= 15') nu MÁŠ.GAL {Rasur) za-nu-u̯[a[256]-a]n-zi
8' (= 16') šu-up-pa ša-ra-a [ ]x-zi
9' (= 17') ḫar-ša-iš-ša {Ras.} a[r- -d]a-an-zi
10' (= 18') ḫa-aš-du-ir-ma a[r- -a]n-zi
11' (= 19') ⌈^{LÚ}SIMUG.A⌉ x-⌈an⌉-[ ]

Nummer 157 (1880/u)

CTH: 670
Datierung: jh.
Anschlüsse: -
Duplikate: -
Bearbeitung: -

r.Kol.
x+1 x x[
2' me-na-a[ḫ-ḫa-an-da
3' $^{MUNUS.MEŠ}$x[
4' ^{MUNUS}ŠU.⌈GI⌉ x[
5' na-at *QA-TAM-M[A*
6' pa-iz-zi nu [

7' LUGAL-uš-kán a[n-da

---

254 Literatur zur Tafel insgesamt bei S. Košak, Konkordanz 1.6, sub Bo 69/190.
255 ḪU und U über Rasur.
256 Von ZA bis U̯A über Rasur.

8’ ma-a-an ⌜LUGAL⌝-u[š
9’ na-aš ^{NINDA}x[
10’ x[

Nummer 158 (1915/u)

CTH: 670
Datierung: jh.
Anschlüsse: -
Duplikate: -
Bearbeitung: -

lk.Kol.

x+1 [ ]x x-⌜an⌝
2’ [ ]

3’ [ ]x ge-nu-u̯a-an[(-)
4’’ [ ]
5’’ [ ]

6’’ [ ]x-zi
7’’ [ ]
8’’ [-]aš
9’’ [ ] pár-ši-i̯a
10’’ [ ]x-an-zi
11’’ [ ]x-aš

Nummer 159 (1924/u)

CTH: 670
Datierung: jh.
Anschlüsse: -
Duplikate: -
Bearbeitung: -

x+1 [ ]x-⌜i⌝ [
2’ [ ] ⌜*A*⌝-*NA* I x[
3’ [ ]x *A-NA* I x[
4’ [DUMU]$^{⌜MEŠ⌝}$ É.⌜GAL⌝ t[i-
5’ [ ] $^{LÚ.MEŠ}$ZABA[R.DAB

6’ [ḫar-š]i-i̯a-al-l[i

Nummer 160 (1927/u)

CTH: 448
Datierung: jh.
Anschlüsse: -
Duplikate: KBo 57.35, x+1-8’ (//x+1-8’)
Bearbeitung: J.L. Miller, KBo 57, p. VI (sub Nr. 35)

x+1 [ ]x-⸢na⸣-an-zi
2’ [ ] a-pé-e-da-ni ḫa-a[n-

3’ [ ] ⸢na⸣-aš-⸢ta⸣ LUGAL MUNUS.LUGAL [
4’ [D]UMU-*ŠU* ú-u̯a-an-zi [ ]
5’ [K]ASKAL-an an-da$^!$ ú-u̯a-⸢te⸣-[
6’ [KAS]KAL-an pé-e-ḫu-da-a[n-zi]
7’ [ ]x ÉSAG^{MEŠ}-za ⸢ša⸣-[ra-a ú-u̯a-
8’ [ ]x[ ]x x[

Nummer 161 (1935/u)

CTH: 670
Datierung: jh.
Anschlüsse: -
Duplikate: -
Bearbeitung: -

r.Kol.
x+1 [I NINDA.GUR$_4$.R]A [

2’ [I NINDA.GUR$_4$.R]A $^{DING[IR}$

3’ I NINDA[.GUR$_4$.R]A DINGIR.LÚ$^{M[EŠ}$

4’ I NINDA.GUR$_4$.RA *A-NA* ^{DINGIR}x[

5’ I NINDA.⸢GUR$_4$⸣.RA ^{DINGIR}Ḫa-š[a-

6’ I NINDA.GUR$_4$.RA *A-NA* ^{DINGIR}[
7’ [I NINDA.GUR$_4$.R]A ⸢*A-NA*⸣ [

Nummer 162 (1950/u)

CTH: 670
Datierung: jh.
Anschlüsse: -
Duplikate: -
Bearbeitung: -

x+1 [ ]x x[

2’ [ ]x-an GU$_4$.MAḪ [
3’ [NINDA.G]UR$_4$.RA$^{ḪI.A}$ KU$_7$$^{!}$[257] x[
4’ [ ] I-*ŠU* ši-pa-an-t[i
5’ [ ]x-i na-aš-kán x[

6’ [-š]a pa-ra-a da-a-a[n-zi
7’ [n]am-ma *A-NA* GUNN[I
8’ [ ]x-a-an-zi nu [
9’ [ ]x ša-ni-i[z-zi
10’ [ ] u̯a-ar-nu-a[n-zi
11’ [ ]x[

12’ [EGI]R-pa *A-NA* [

Nummer 163 (1951/u)

CTH: 666
Datierung: jh.
Anschlüsse: -
Duplikate: Bo 3328 III 6’-13’[258] (//Vs. II x+1-7’) (par. KBo 8.112[259])
Bearbeitung: M. Popko, StBoT 50, p. 99; Vs. r. M. Popko, StBoT 50, p. 47, 99,104; V 2ff. M. Popko, StBoT 50, p. 94; Rs. r. 3 M. Popko, StBoT 50, p. 76

257 Zeichen SIG.
258 Umschrift bei M. Popko, StBoT 50, p. 47.
259 Wohl Duplikat Privat 22 (G.G.W. Müller, AoF 21 (1994), p. 372-385).

Vs. I

x+1 [-i̯]a$^{?}$-aḫ-ḫi
2' [-m]a-aš
3' [ ]
4" [ ]x
5" [ ]

Vs. II

x+1 ^{L}[^{Ú}k]i-⸢i-ta-aš⸣ [ḫal-zi-iš-ša-i]

2' LUGAL-uš pa-iz-zi E[GIR ^{GIŠ}IG]
3' ti-i-e-ez-zi ta-a[z *QA-TI-ŠU*]
4' a-ar-ri ma-a-an LUGAL[-uš KÁ-aš an-da a-ri]
5' UGULA $^{LÚ.MEŠ}$MUḪALDIM túḫ-⸢ḫu⸣-[eš-šar]
6' LUGAL-i pa-ra-a e-e[p-zi LUGAL-uš-kán]
7' túḫ^{uḫ} -š[a]

Rs. V

1 ⸢ḫa-at⸣-ta[l-u̯a-aš GIŠ-
2 ⸢GUNNI⸣ LUGA[L-

---

3 GAL *ME-ŠE-DI* GAL GEŠTIN [[260]
4 ⸢e⸣-ep-zi ta-an x[
5 [ ]x ⸢iš-pa⸣-an-⸢tu⸣-u[z-zi(-)
6 [iš-ta-na-n]a-aš EG[IR-pa

Rs. VI

1 [ ]x x
2 [-]ti
3 [ ]x
4 [-]an

---

260 Vielleicht analog zu KUB 44.22, 5'ff., zu ergänzen (vgl. M. Popko, StBoT 50, p. 76).

Nummer 164 (1953/u)

CTH: 670
Datierung: jh. (spät)
Anschlüsse: -
Duplikate: -
Bearbeitung: -

lk.Kol.

x+1 [-z]i
2'' [ ]x

r.Kol.

x+1 [ ]x[
2' [t]a-ma-a-i [
3' *A-NA* ŠÀ EZE[N_4
4' I UDU *A-NA* DINGIR x[
5' NINDA.GUR_4.RA DUG ḫar-š[i-i̯a-al-
6' I DUG ḫu-u-up-pár KAŠ [

7' ḪUR.SAG Ku-un-ku-mu-u[š-ša-
8' LÚ SANGA ku-in x[
9' šu-uḫ-ḫa-an-z[i
10' [g]e-e-nu-u̯a-an [

Nummer 165 (1955/u)

CTH: 666
Datierung: jh.
Anschlüsse: -
Duplikate: -
Bearbeitung: M. Popko, StBoT 50, p. 90 Anm. 41, 99

Vs.

x+1 [ ]x x[
2' [š]u-⌜up-pí⌝-i̯a-aḫ-ḫ[i
3' [ ] LÚ.MEŠ ALAM.ZU_9 a-ḫ[a-a ḫal-zi-
4' LÚ ki-i-ta-aš-ša [

5’ [t]a ^{DINGIR}UTU-aš UDU$^{\text{ḪI.A}}$-uš pa[-iz-zi[261]
6’ [^{DINGI}]^{R}U-aš [UD]U$^{⌜\text{ḪI.A}⌝}$-[u]š pa-iz-z[i
7’ [UDU]$^{\text{ḪI.}⌜\text{A}⌝}$-[uš pa-iz-z]i x[
8’ [ ]x [ ]-⌜e⌝-ez [
9’ [ ]x[

Rs.
x+1 [ ]x x[
2’ [p]é-⌜ra⌝-an [
3’ [š]a-⌜ra⌝-a [

4’ [^{L}]^{Ú}⌜GUDU$_{12}$⌝ [
5’ [ ]-⌜*ŠU*⌝ ši-pa[-an-ti
6’ [ ] $^{⌜\text{DINGIR}⌝}$L[i-

Nummer 166 (1962/u)

CTH: 666 (?)[262]
Datierung: jh.
Anschlüsse: -
Duplikate: -
Bearbeitung: -

Vs.
x+1 [ ]x x[
2’ [DUMU^{ME}]^{Š} É.GAL LUGAL-i x[
3’ [LUGAL-u]š *QA-TI-ŠU* a-a[n-ši

4’ [^{G}]^{IŠ}ŠUKUR DUMU É.GA[L
5’ [^{GI}]^{Š}ma-a-ri-in x[

6’ [LUGAL-]uš ták-na-aš $^{⌜\text{DINGIR}⌝}$[UTU
7’ [*I-*]*NA* ^{GI}[^{Š}BANŠUR

Rs.
x+1 [DUMU] ⌜É⌝.GA[L

---

261 Vgl. KBo 21.69 + KBo 34.155 + KUB 34.124 + KBo 23.92 Rs. IV x+1ff.
262 Bei S. Košak, Konkordanz 1.6, sub 1962/u, CTH 670.

2’ ⌜DUMU⌝ É.GAL [
3’ ⌜pa⌝-ra-a ⌜e⌝-[ep-zi

Nummer 167 (1965/u)

CTH: 666 (?)
Datierung: jh.
Anschlüsse: -
Duplikate: -
Bearbeitung: M. Popko, StBoT 50, p. 99

x+1 [ ]-⌜i⌝ I-*ŠU* [
2’ [ḫa-aš-ši-i ta-pu-uš-]za I-*ŠU* x[

3’ [ ] ^{TÚG}še-ek-nu-un
4’ [ ]x x pé-x x x
5’ [ ]-⌜li⌝ x[

Nummer 168 (1969/u)

CTH: 670
Datierung: jh.
Anschlüsse: -
Duplikate: -
Bearbeitung: -

x+1 [ ] ⌜MUNUS.LUGAL-aš⌝ [

2’ [LUGA]L MUNUS.LUGAL *I-N*[*A*
3’ [ ]x ^{URU}Ḫa-⌜at⌝-[

4’ [ ]x x[ ]x[

Nummer 169 (1971/u)

CTH: 670
Datierung: jh.
Anschlüsse: -
Duplikate: -
Bearbeitung: -

x+1 [ ]-˹ma˺ šu-u[p-
2' [ ]x ḫar-zi [
3' [ ] i-i̯a-at-ta-˹ri˺ [

4' [-m]a-kán LUGAL-uš ^{GIŠ}gaz-z[i-tu-ri-
5' [ ] ˹ú˺-iz-zi nu DUMU É.GAL ku-i[š
6' [-i]n BABBAR ḫar-zi
7' [LUGA]L-˹i˺ pa-a-i

8' [ ]x x x[

Nummer 170 (1973/u)

CTH: 670
Datierung: jh.
Anschlüsse: -
Duplikate: -
Bearbeitung: -

lk.Kol.

---

x+1 [$^{LÚ.M}$]^{EŠ}MUḪALDIM
2' [NINDA.]GUR$_4$.RA GAL
3' [ ]x-zi
4' [(-)d]a-a-i

5' [^{GIŠ}BA]NŠUR-i̯a
6' [ ]x

r.Kol.

---

x+1 GAL DUMU^{ME}[^{Š} É.GAL
2' ták-kán [
3' ki-it[-
4' ^{DUG}x[

5' ^{LÚ}[
6' x[

Nummer 171 (1983/u)

CTH: 670
Datierung: mh.
Anschlüsse: -
Duplikate: -
Bearbeitung: -

x+1 [-k]án x[

2’ ^{NINDA}šu-ú-ni[-
3’ ^{LÚ}ALAM.Z[U$_9$
4’ tar-ku-mi-i̯[a-iz-zi
5’ pí-an-z[i
6’ me-ma [-i]

7’ LÚ$^{\text{MEŠ GIŠ}}$BA[NŠUR
8’ ⌈ti-an-zi⌉ [

Nummer 172 (1987/u)

CTH: 670
Datierung: mh.
Anschlüsse: -
Duplikate: -
Bearbeitung: -

x+1 [ ]x-⌈i$^{?}$⌉ [
2’ ⌈LUGAL⌉-i [

3’ GIŠ ^{DINGIR}INANNA x[
4’ SÌR^{RU} ^{L}[^{Ú}
5’ ^{MUNUS}pal-u̯a-ta[l-la-aš pal-u̯a-a-iz-zi]

6’ [DUMU^{M}]^{EŠ} ⌈LUGAL⌉ x x[

Nummer 173 (1990/u)

CTH: 670
Datierung: jh.
Anschlüsse: -

Duplikate: -
Bearbeitung: -

r.Kol.

---

x+1 I UDU *IŠ-T*[*U*
2' u-un-ni-i̯[a-an-zi
3' na-an-kán [
4' *A-NA* DINGIRx[
5' DINGIRIM ⌜URU⌝[
6' DINGIRTe-l[i-pí-nu
7' ⌜DINGIR⌝x x ⌜DINGIR⌝x[

Nummer 174 (21/v)

CTH: 670
Datierung: jh.
Anschlüsse: -
Duplikate: -
Bearbeitung: -

Vs.? III
x+1 [ ]x x
2' [T]U7ḪI.A a-⌜ri⌝ na-⌜at⌝ x x [ ]
3' e-ša-an-da nu a-ku-an-⌜na⌝
4' pí-an -zi
5' nu ⌜DINGIRLe-el⌝-u̯a-ni-in
6' [ ]-⌜i̯a⌝
7' [ ]x x[

Nummer 175 (23/v)

CTH: 670
Datierung: jh.
Anschlüsse: -
Duplikate: -
Bearbeitung: -

Vs. I
1 [*I-NA*] *U*4-⌜*MI*⌝ *MA-AḪ-RI-I*[
2 [Éḫ]a-le-en-tu-u ⌜a⌝-x[

3 ⌈pé-ra⌉-an-na ḫi-la[m-
4 LÚ^{MEŠ} ŠUKUR x[

Nummer 176 (34/v)

CTH: 670
Datierung: ?[263]
Anschlüsse: -
Duplikate: -
Bearbeitung: -

x+1 [ ]x ^{MUNUS}x[
2' [SAG.D]U^{MEŠ} GÌR$^{HI.⌈A⌉}$ [

3' [ ] ⌈a⌉-ru-na-aš LÚ[
4' [^{UZ}]^{U}GABA-aš NUMUN [
5' [^{UZU}ZAG.U]DU-an d[a-
6' [-e]š a-š[a-

7' [ ]x x[

Nummer 177 (40/v)

CTH: 670
Datierung: jh.
Anschlüsse: -
Duplikate: -
Bearbeitung: -

x+1 [ ]x[
2' [ ]x ⌈a⌉-[
3' [ḫa-an-te-]ez$^{!}$-zi p[al-ši
4' [ ]x ^{DINGIR}⌈Ḫa⌉-ma-a[n-ni
5' [GIŠ ^{DINGIR}I]NANNA GAL GAR.x[
6' [ ] ^{MUNUS}AMA<.DINGIR>^{LIM} x[
7' [ ]x x x[

---

263 Signifikante Zeichenformen fehlen. A ohne Gebrochenen in Z. 6' könnte auf eine mh. Niederschrift verweisen, reicht aber alleine zur Datierung nicht aus.

Nummer 178 (41/v)

CTH: 670
Datierung: mh. (?)
Anschlüsse: -
Duplikate: -
Bearbeitung: -

Vs.$^{?}$

x+1 [ ] ⌈iš⌉-t[a-
2' [^{LÚ}S]ANGA ^{DINGIR}Te-l[i-pí-nu

3' [-]zi
4' [ ]x kat-ta-an [
5' [ ]x ^{LÚ}GUDU$_{12}$ [
6' [ ] ⌈*I*⌉-*NA* IV x[

Rs.$^{?}$

x+1 [-]i III-*ŠU* a-ru-u̯[a-iz-zi

Nummer 179 (45/v)

CTH: 670
Datierung: ?[264]
Anschlüsse: -
Duplikate: -
Bearbeitung: 4' E. Neu, IBS 52, p. 186 Anm. 48

x+1 x x[
2' ⌈^{DINGIR}⌉U.⌈GUR⌉[265]-x[
3' nu *A-NA* IV [
4' I me-i̯a-u̯a[-
5' ⌈na⌉-aš-ta [
6' x[

Nummer 180 (48/v)

CTH: 670
Datierung: jh.

264 Signifikante Zeichenformen fehlen, sollte in Z. 2' URU an Stelle von GUR zu lesen sein, vgl. Anm. 265, wäre der Text jh.
265 Trotz fehlenden Spatiums wäre auch eine Lesung ⌈^{DINGIR}⌉U ⌈^{URU}⌉x[in Erwägung zu ziehen.

Anschlüsse: -
Duplikate: -
Bearbeitung: -

Vs. II

1 [ ]x[
2 [ ]x x x a-ri [
3 [ ]x-zi $^{⸢\text{LÚ}⸣}$p[al-
4 [^{NINDA}ta]-⸢kar⸣-mu-un [
5 [^{NINDA}mi-i]t-ga-i-mi-uš x[
6 [n]u-uš-ša-a[n
7 [ ]x[
8 [ ]x n[a-

Nummer 181 (57/v)

CTH: 670
Datierung: jh.
Anschlüsse: -
Duplikate: -
Bearbeitung: -

x+1 [ ]x x x x[
2’ [-]an pé-ra -a[n]
3’ [n]u-uš-ši ^{GIŠ}BANŠUR A[D.KID]
4’ [ki-i]t-ta-ri [ ]
5’ [*BI*]-⸢*IB*⸣-*RI* GU_4 [ ]
6’ [p]é-ra [-an]
7’ [ ]x-⸢ra⸣ (-)[

Nummer 182 (59/v)

CTH: 670
Datierung: jh.
Anschlüsse: -
Duplikate: -
Bearbeitung: 4(’) E. Neu, StBoT 5, p. 188; 5(’) H.M. Kümmel, StBoT 3, p. 73; 5(’) H. Berman, Diss., p. 45; 5’ J. Catsanicos, IF 99 (1994), p. 316

x+1 [ ]x x x-⸢an⸣ [
2’ [-]an ḫi-in-ga-z[i

3' [ ]x ^{DINGIR}UTU *ŠA-ME-E* DINGIR^{MEŠ}-aš-ša ḫu-u-ma-an-da-⸢aš⸣ [
4' [a]r-ḫa u̯a-ra-a-ni nu GUNNI an-da ap-pa-an-z[i
5' [ ] nu-kán! LUGAL-uš ^{É}kip-pa-az pa-ra-a ú-iz-z[i
6' [ ]x-zi GU$_4$-ma UDU ka-ru-ú EGIR-pa ma-ni-i[n-ku-

7' [ ]-at ma-ni-in-ku-u̯a-an a-ri ⸢nu LUGAL⸣-i x[
8' [DUMU] ⸢É⸣.GAL GADA-an LUGAL-i pa-a-i LUGAL-uš ar-x[
9' [ ] nu-kán LUGAL-uš GU$_4$ UDU! kiš-an ši-p[a-an-ti

10' [ ]x[ ] II ME XX UDU$^{\text{ḪI.A}}$ x[
11' [ ]x za-x-x[
12' [ ]x x[

Nummer 183 (61/v)

CTH: 670
Datierung: jh.
Anschlüsse: -
Duplikate: -
Bearbeitung: -

Vs.

1 [ ]x i-u̯[a-ar

---

2 [e-k]u -z[i]
3 [p]ár-ši -i̯[a]

---

4 [^{DINGIR}UTU ^{URU}A-r]i-⸢in⸣-na ⸢TUŠ⸣-aš [ ]
5 [ ] I NINDA.GUR$_4$.RA pár-ši-i̯[a]

---

6 [-]iz -z[i]
7 [p]a-iz -⸢zi⸣

---

8 [ ]x x[
9 [ ]x[
10 [ ] ⸢pa⸣-a-an-zi

11 [ ] x x x x
12 [ ]-⸢ra⸣-an-zi
13 [ ]x

Rs.

x+1 [ ]x x x
2” [ ]
3” [ ]
4” [-i̯]a-la-aš
5” [-š]a-an-zi
6” [ ]x a-da-an-zi

7” [ḫa-an-te-ez-z]i pal-ši
8” [ ] e-ku-zi
9” [^{NINDA}ta-k]ar-mu-un pár-ši-i̯a
10” [^{GI}]^{Š}ZAG.GAR.RA-ni
11” [ ] -i

Nummer 184 (66/v)

CTH: 670
Datierung: mh.
Anschlüsse: -
Duplikate: -
Bearbeitung: -

Rs.

x+1 [ ]x-ti-aš [

2’ ⸢^{DINGIR}⸣LAMMA TUŠ-aš [
3’ EGIR-pa ^{MUNUS}x[
4’ {Rasur} [
5’ ⸢a-pu⸣-u-un-⸢na⸣ [
6’ ⸢^{LÚ}⸣SANGA an-da [
7’ x-an(-)li-x[

8' x[ ]-⸢ma⸣-aš-šu[-
9' x x-pu-ru-x[
10' [G]UB-aš e-k[u-zi
11' [tá]k-ku [
12' [ ]x [

lk.Rd.
1 [ ] ⸢pé-ra⸣-an ⸢kat-ta⸣ [
2 [ ] na-aš-kán *IŠ-T*[*U*

Nummer 185 (68/v)

CTH: 670
Datierung: jh.
Anschlüsse: -
Duplikate: -
Bearbeitung: -

x+1 [ ]x[
2' [ ]x x[-t]i-⸢iš⸣ x[
3' [-p]a-aš-ma š[i-
4' [ ] ⸢a-uš⸣-ta x[
5' [k]a-a-ša [
6' [ ]x-an-z[i
7' [me-]na-aḫ-ḫa[-an-da

8' [DINGI]RPa-pa-i̯a[-
9' [ ]x ⸢DINGIR⸣[

Nummer 186 (69/v)

CTH: 670
Datierung: jh.
Anschlüsse: -
Duplikate: -
Bearbeitung: -

x+1 [ ]x x x[
2' [MUNUS.ME]ŠKI.SIKIL x[
3' [ ]x-tar zi-⸢in⸣-[

4’ [ ]x pé-ra-an [
5’ [-z]i ^{LÚ}ḫa-pí[-
6’ [^{L}]^{Ú}ḫa-pí-aš [
7’ [ ]ḫa-pí-aš x[
8’ [ ]x ^{LÚ}GUDU$_{12}$ x[
9’ [ ]x-la-aš [
10’ [ ]x x[

Nummer 187 (70/v)

CTH: 670
Datierung: ah.
Anschlüsse: -
Duplikate: -
Bearbeitung: -

x+1 [ ]x[

2’ [-z]a *A+NA* [
3’ [ ] pár-šu-ul[-li
4’ [^{NINDA}]⸢a⸣-mi-an-⸢te⸣-[eš-šar
5’ [^{NIND}]^{A}ZI.ḪAR.ḪAR I [
6’ [ ] *ŠA* GAL$^{\text{ḪI.A}}$-*ŠU* [

7’ [ ]x x x[

Nummer 188 (78/v)

CTH: 670
Datierung: jh.
Anschlüsse: -
Duplikate: -
Bearbeitung: -

x+1 [NIND]A.GUR$_4$.RA [
2’ [ ]x [
3’ [ ]x-ru-uḫ-x[
4’ [ ]⸢SANGA⸣ GAL x[

5’ [^{DINGIR}Ḫa-š]a-am-mi-li-in [

6’ [SÌ]R^{RU} ^{LÚ}SAG[I
7’ [ ]x pár-ši-⸢i̯a⸣ [
8’ [ ]x[

Nummer 189 (80/v)

CTH: 670
Datierung: jh.
Anschlüsse: -
Duplikate: -
Bearbeitung: D. Groddek, IJDL 2 (2005), p. 5

x+1 [ ]x x[ ]x[ ]x x[
2’ [ ] ḫu-u-ma-an <-ti>-i pé-ra-an ti-a[n-zi
3’ [DINGIR]^{MEŠ}.LÚ^{MEŠ} DINGIR^{MEŠ}.MUNUS^{MEŠ} an-ta I UD[U
4’ [ ] ⸢ú⸣-e-te-na-aš-ša ḫu-u-ma-an-da-a[š
5’ [^{UR}]$^{\text{U.DINGIR}}$U-da-aš-ša aš-ša-nu-um-⸢ma⸣-[
6’ [ ]x DINGIR^{MEŠ}.LÚ^{MEŠ} pí-an-zi É[
7’ [^{GIŠ}BA]NŠUR AD.KID DINGIR^{MEŠ} *A-BI* ti-an-z[i
8’ [ ] ⸢^{DINGIR}⸣Ku-mar-bi-i̯a II UDU BAL-ti II U[DU
9’ [-]an pí-an-zi GAL$^{\text{ḪI.A}}$-kán aš-ša[-nu-u̯a-an-zi
10’ [ ]x[ ]x x[ ]x[ ]x[ ]x[

Nummer 190 (81/v)

CTH: 670
Datierung: jh.
Anschlüsse: -
Duplikate: -
Bearbeitung: -

x+1 [ ]x[
2’ [ ]x-aš-š[a-
3’ [^{G}]^{IŠ}BANŠU[R

4’ [n]u TU$_7^{\text{ḪI.A}}$ [
5’ ⸢ta⸣-ru-[up-
6’ ar-ḫa [
7’ da-an-z[i
8’ ⸢na⸣-at [

9’ [ ]x[

Nummer 191 (83/v)

CTH: 670
Datierung: jh.
Anschlüsse: -
Duplikate: -
Bearbeitung: -

x+1 [-i̯]a-aš [
2’ [ ] [

3’ [ ]x na-an [
4’ [ ]x šu-up-p[í-

5’ [ ]x-aš ti-i̯a-zi [
6’ [ ]x e-ep-zi x[
7’ [ ]x IV NINDA.GUR$_4$.RA pár-š[i-i̯a
8’ [ ]x-aš-kán ⌜ḫa⌝-aš-ši[-i
9’ [-]an-zi [ ]
10’ [ ]x x x-⌜zi⌝ [

Nummer 192 (86/v)

CTH: 670
Datierung: jh.
Anschlüsse: -
Duplikate: -
Bearbeitung: -

x+1 [ ]x x[
2’ [ ]x-an-zi [

3’ [N]AR GIŠ ^{DINGIR}I[NANNA
4’ [ ]x LUGAL-un ^{GIŠ}[

5’ LUGAL-uš *I-NA* ⌜É⌝ [
6’ da-a-i LUGAL-uš [

7' na-aš ^{É}ḫa-l[e-en-tu-

8' ^{LÚ}GUDU$_{12}$ x[
9' zé-an-za x[
10' pé-e-⌈da⌉ ⸢

11' nu x x[
12' [d]a-⌈a⌉ ⸢

Nummer 193 (88/v)

CTH: 670
Datierung: jh.
Anschlüsse: -
Duplikate: -
Bearbeitung: -

Rs.
x+1 [ ]x[
2' [ ]x-⌈ma⌉-at [
3' [*A*-]*NA* ^{DINGIR}Le-e[l-
4' [IG]I-an-da![266] [ ]

Nummer 194 (97/v)

CTH: 670
Datierung: jh.
Anschlüsse: -
Duplikate: -
Bearbeitung: -

x+1 [ ] ⌈É⌉ ^{DINGIR}⌈U *Ù*?⌉ [
2' [.]LUGAL *I-NA* É ⌈DINGIR⌉[
3' [ ]x pa-iz-zi na-aš-t[a
4' [gal-ga]l-⌈tu⌉-u-ri ḫa-a[z-zi-iš-ki-iz-zi
5' [-i]š-ki-iz [-zi]

---

266 Der untere Wagerechte des Zeichens fehlt.

6' [ ]x x x-⌈zi⌉ x[

Nummer 195 (102/v)

CTH: 670
Datierung: jh.
Anschlüsse: -
Duplikate: -
Bearbeitung: -

lk.Kol.

x+1 [ ]x x x x x-⌈na-aš GÙB⌉-l[a-
2' [ ]x LÚ^{MEŠ} ⌈É⌉.GAL[267] MUNUS.LUGAL pí-an-zi

3' [ ] GAL$^{ḪI.A}$-⌈kán⌉ aš-nu-an-zi
4' [G]UB-aš III-*ŠU* ⌈e⌉-ku-zi
5' [ku-n]a-an-na-aš GÙB-la III-*ŠU* e-ku-zi
6' [ ]-⌈e⌉
7' [-n]a-aš GÙB-l[a]
8' [ ]x VI NINDA.GUR$_4$[.R]A pár-ši-i̯a

9' [Z]AG-aš GÙB[-la]-aš
10' [ ]x II NINDA.GÚG II NINDA.KU$_7$
11' [-z]i

12' [pé-eš-]ši-i̯a-zi
13' [ ]x x x x x

Nummer 196 (107/v)

CTH: 670
Datierung: mh. (?)
Anschlüsse: -
Duplikate: -
Bearbeitung: -

---

267 É.GAL über Rasur.

x+1 [ ]x[
2' nu x x[ ]x [
3' $^{\ulcorner\text{DINGIR}\urcorner}$Za-a-ḫa-pu[-na
4' nu *A+NA* LÚ^{MEŠ} [
5' ⸢ke⸣-e-et-ta(-)ni[-

6' lu-uk-kat-ta-ma [
7' ^{UZU}SAG.DU$^{\text{ḪI.A}}$ x[
8' pár-ši-i̯a [

Nummer 197 (112/v)

CTH: 670
Datierung: jh.
Anschlüsse: -
Duplikate: -
Bearbeitung: -

x+1 [ ]x x ⸢an⸣-[
2' [ ]x na-aš *U*[*Š-KE-EN*
3' [LUGA]L-uš iš-pa-a[n-
4' [-]an-ti nam-m[a
5' [ ]x pa-an-da[-
6'' [ ] [

7'' [-]u̯a-an-d[a-
8'' [ ] nu LUGA[L-
9'' [ ]x-an x[
10'' [ ]x-ni[(-)

11'' [ ]x x[
12'' [-]*ŠU* x[
13'' [pár-š]i-i̯a nu [
14'' [ ]x x-ar [(-)

Nummer 198 (116/v)

CTH: 670
Datierung: jh.
Anschlüsse: -

Duplikate: -
Bearbeitung: -

x+1 [ ] ⸢a-ku⸣-u̯a-⸢an⸣-[zi
2’ [ ] ^{DINGIR}A-a ^{DINGIR}*DA*[*M-KI-NA*
3’ [ ]x-iz-zi [
4’ [ir-ḫa-an-du-u]š ḫi-iš-š[a-la-an-du-uš
5’ [ ] [

6’’ [^{L}]^{UM} x[

Nummer 199 (120/v)

CTH: 670
Datierung: jh.
Anschlüsse: -
Duplikate: -
Bearbeitung: -

Vs.$^{?}$

x+1 [ ]x x[
2’ [ ] ⸢pa⸣-ra-a [
3’ [-]zi $^{MUNUS.ME}$[^{Š}

4’ [*U*]*Š-KÉ-EN* [
5’ [-i̯]a-az ut[-

Rs.$^{?}$

---

x+1 [ ]x *I-*⸢*NA*⸣ x[
2’ [ ]x-i̯a ḫa-a[t$^{?}$-
3’ [ ]x SAG.DU^{MEŠ} [
4’ [ ] ^{DINGIR}Te-li[-pí-nu

5’ [ ]x x[

Nummer 200 (129/v)

CTH: 670
Datierung: jh.

Anschlüsse: -
Duplikate: -
Bearbeitung: -

---

x+1 [LÚ$^{M]EŠ}$ ^{GIŠ}BAN[ŠUR $^{N]INDA}$mi-it-⸢ga⸣-[i-mi-
2' [^{GIŠ}BA]NŠUR-aš [ ]x-zi x[
3' [-a]n-zi ⸢tu⸣-uš pár-ši-i̯[a
4' [šu-u]p-pa-i̯a-aš ^{GIŠ}BANŠUR-aš [

5' [LÚ$^{M]EŠ}$ ^{GIŠ}BANŠUR III kat-x[
6' [$^{D]UG}$*PUR-SÍ-TUM* ^{NA_4}x[
7' [-]i̯a-an [-zi]

Nummer 201 (160/v)

CTH: 670
Datierung: jh.
Anschlüsse: -
Duplikate: -
Bearbeitung: -

x+1 [ ]x x x[
2' [ ]x x nu-x[
3' [ ]x x x za-x[

4' [$^{DING]IR}$⸢Le⸣-el-u̯a-ni-i[š
5' [ ]x[$^{M]EŠ}$-i̯a-kán x[
6' [ ]x-e-x[
7' [E]N-*I̯A* [
8' [ ]x x[

Nummer 202 (177/v)

CTH: 670
Datierung: jh.
Anschlüsse: -
Duplikate: -
Bearbeitung: 3' C. Corti, FS Košak, p. 171

x+1 [ ]x-⸢pí⸣-x x[
2' [-]a -zi [

3' [ ] ⸢É⸣ ^{DINGIR}Te-l[i-pí-nu

4' [^{DINGIR}]⸢IM⸣ ^{URU}Ne[-ri-ik
5' [-]za TÚG DINGIR^{LIM} [
6' [ ] ⸢ta⸣-ma-i u̯a[-

7' [*I-NA* É ^{DINGIR}]Ḫal-ki-aš pa-iz-zi x[
8' [ ]x na-aš x[ ]x *ŠA* [
9' [ ]x x[ ]x[

Nummer 203 (187/v)

CTH: 670
Datierung: jh.
Anschlüsse: -
Duplikate: -
Bearbeitung: -

x+1 [ ]x-ta-nu-⸢ud-du-pát⸣ [
2' [-z]i *ŠUM-MI* x[

3' [ ]x pa-ra-a x[
4' [ ] ZI-*ŠU-NU* x[
5' [n]u GUL-aš-ša[-
6' [ ]x-i-iš-du [ ]

7' [Z]I-*ŠU-NU* [
8' [ ]x-it-t[a(-)

9' [ ]x da-a[-
10' [ ]x x[

Nummer 204 (190/v)

CTH: 670
Datierung: jh.
Anschlüsse: -

Duplikate: -
Bearbeitung: -

x+1 [ ]x [
2' [LUGAL-u]š IGI$^{ḪI.A}$-it i-i̯[a-zi $^{LÚ.MEŠ}$ŠU.I-kán]
3' [da-ga-a]n-zi-<pu>-uš ša-an-ḫ[a-an-zi[268]
4' [ ] *A-NA* LUGAL MUNUS.LUG[AL
5' [ ]x GAL ⌜DUMU⌝^{M}[^{EŠ} É.GAL

Nummer 205 (201/v)

CTH: 738
Datierung: mh. (?)
Anschlüsse: -
Duplikate: -
Bearbeitung: 7(') KBo 19, p. VIII (sub Nr. 63); 7(') H. Berman, Diss., p. 27

x+1 [ ](-)⌜ar⌝(-)[
2' [ ]

3' [ ]x[^{Ḫ}]$^{I.A}$ NU.GÁL
4' [^{DINGIR}NIS]ABA ^{URU}Ka-x[
5' [ ]-⌜a⌝-aš-x[ ] ú-da-⌜a⌝-i
6' [ ] ^{LÚ}⌜SAGI⌝-aš-ta
7' [ ]x ^{LÚ}ta$^{!}$[269]-ḫu-kán-ti
8' [ḫa-at-tal-u̯]a-aš GIŠ-ru-i x[
9' [(-)d]a-a-i NIN-i
10' [NINDA.GU]R₄.RA$^{ḪI.A}$ x[
11' [ ]x x[

Nummer 206 (207/v)

CTH: 670
Datierung: mh.
Anschlüsse: -
Duplikate: -
Bearbeitung: -

268 Vgl. e.g. KBo 4.9 VI 14-15.
269 Zeichen ŠA.

Vs.?

x+1 [ ]-⌈i da-a-i⌉

2’ [ ]x TU$_7$ ⌈i-en-zi⌉

3’ [M]^{EŠ} URU^{LIM} ḫu-u-ma-an-ma an-da[270]

4’ [-š]a-an-ta-ri nu II-*ŠU* IX NINDA [ ]

5’ [ ]x ti-an-⌈zi⌉ nu IX NINDA.ÉRIN^{MEŠ}

6’ [I]X NINDA.ÉRIN^{MEŠ}-ma

7’ [ ]x ú-u̯a-an-zi

8’ [a-pí-i̯]a-ak-ku [ ]

9’ [ ] [ ]

10’ [ ]x-an-zi [ ]

11’ [ ]x nu-x[

12’ [ ]x[

13’ [ ]x[

Rs.?

x+1 [-]a URU-⌈ri⌉

2’’ [ ]x

Nummer 207 (209/v)

CTH: 670
Datierung: jh.
Anschlüsse: -
Duplikate: -
Bearbeitung: -

---

x+1 [U]D-ti UD-ti-li x[

2’ [A]D.KID ti-i̯a-an [-zi]

3’ [-]aš ki-i zi-x[

4’ [ ]-⌈an⌉-za I NINDA.GUR$_4$[.RA

5’ [š]e-ep-p[í-it(-)

---

270 Oder ḫu-u-ma-an<<-ma-an>>-da.

Nummer 208 (220/v)

CTH: 670
Datierung: mh. (?)
Anschlüsse: -
Duplikate: -
Bearbeitung: -

---

x+1 [ ]x $^{\text{LÚ.MEŠ}}$zi-pu-⸢ri⸣-i
2’ [-]ri-uš-mu-uš
3’ [t]u-ri-an-ta
4’ [ ]x x a-ap-pa
5’ [ ]x x x[

Nummer 209 (230/v)

CTH: 670[271]
Datierung: jh.
Anschlüsse: -
Duplikate: KBo 52.179 r. x+1-7’ (//x+1-7’); KBo 34.175; VS NF 12.43 (par. auch KBo 4.9 II 13ff.[272])
Bearbeitung: D. Groddek, WO 38 (2008), 250; KBo 52, p. X (sub Nr. 179)

x+1 [ ]x GADA-⸢an⸣ p[a-a-i]
2’ [LUGAL-uš] *QA-TI-ŠU* a-⸢an⸣-[ši]

3’ [GAL ^{LÚ}*ME-*]*ŠE-DI* ^{LÚ}SANGA ^{DINGIR}LAMMA [ ]
4’ [^{TÚG}še-ek-n]u-un ḫar-zi [ ]

5’ [^{LÚ}SANGA ^{DINGIR}LAMM]A-ma túḫ-ḫu-i-⸢šar⸣ ḫar[-zi]
6’ [nu-kán GAL ^{LÚ}]⸢*ME*⸣*-ŠE-DI A-NA* ^{LÚ}SANGA $^{\text{⸢DINGIR⸣}}$[LAMMA]
7’ [túḫ-ḫu-e-eš-šar] ⸢ar⸣-ḫa ⸢da-a⸣-[i]

Nummer 210 (244/v)

CTH: 670
Datierung: jh.
Anschlüsse: -

---

271 S. Košak, Konkordanz 1.6, sub 230/v, stellt das Fragment zu CTH 612, wohl nach der Parallele zu KBo 4.9, doch ist diese Parallele zu vage, um als Grundlage einer Textzuweisung dienen zu können.

272 Weitere Parallelen bei C. Corti, KBo 52, p. X (sub Nr. 175).

Duplikate: -
Bearbeitung: -

x+1 [ ]x x ⌈^{GIŠ}⌉BANŠU[R
2’ [ ]x-u LUGAL-un a-ni-i̯a-x[

3’ [-z]i ma-a-an LUGAL-uš [
4’ [ḫu-l]u-ga-an-na-za GAM ú$^{!}$-iz-zi n[a-

5’ [ ]x-ra-aš GAM-an a-ra-an-da[-ri
6’ [ ] ⌈I⌉ NINDA.GUR$_4$.RA GA.KIN.AG [
7’ [ ] ^{LÚ}GUDU$_{12}$ III NINDA.GUR$_4$[.RA
8’ [ ]x-i ^{LÚ}GUDU$_{12}$ x[
9’ [ ]x da-a-i [

Nummer 211 (248/v)

CTH: 670
Datierung: jh.
Anschlüsse: -
Duplikate: - (Vs.$^{?}$ par. IBoT 3.10, 2’-3’)
Bearbeitung: -

Vs.$^{?}$

x+1 [EGI]R-pa-ma ⌈^{DINGIR}AMAR.UTU⌉ *I*[*Š-TU* (?) ... e-ku-zi]
2’ [I N]INDA.GUR$_4$.RA me-ma-al-l[a(-)

3’ [EG]IR-pa-ma nam-ma ⌈^{DINGIR}⌉[
4’ [e-ku-z]i I ⌈NINDA⌉.GUR$_4$.R[A

5’ [ ]x [
6’ [ ]x [

Rs.$^{?}$

---

x+1 [ ]x-a-a[n-
2’ [š]u-u-ra-aš-š[u-
3’ [NINDA.GUR$_4$.R]A pár-š[i-i̯a]

4’ [EGI]R-pa-ma ^{DINGIR}UTU x[
5’ [ ]x-ḫal-li-i̯a-a[n-
6’ [ ] ^{MUNUS}SUḪUR.LÁ ḫal-⸢li⸣-[
7’ [n]a-aš ⸢ú⸣-e-ḫa-a[t-ta-ri
8’ [ḫal-z]i-⸢iš⸣-ša[-an-zi
9’ [ ]x x x[

Nummer 212 (250/v)

CTH: 670
Datierung: jh.
Anschlüsse: -
Duplikate: -
Bearbeitung: -

x+1 [ ]-⸢a⸣-ša
2’ [a-r]a-aḫ-za
3’ [-r]a-a-ma ti-an[-zi]
4’ [-t]a-aš-ša-an *A-NA* ^{GIŠ}x[
5’ [ ]x-an-zi
6’ [-r]a-an *A-NA* $^{\text{LÚ.MEŠ}}$ŠU.G[I
7’ [ ] ti-an-zi

8’ [ ] kat-ta-an
9’ [ ]-⸢ta⸣-[ ]x[ ]x
10’ [ ]x[-l]i-in
11’ [ ]x[^{Ḫ}]$^{\text{I.A}}$

Nummer 213 (256/v)

CTH: 670
Datierung: jh.
Anschlüsse: -
Duplikate: -
Bearbeitung: -

x+1 ⸢III ^{NINDA}ḫar⸣-za-⸢zu⸣-x[
2’ pí-iš-ki-iz-z[i
3’ *I-NA* ZAG.GAR.⸢RA⸣ [

4’ [EGI]R-⸢pa⸣-m[a

Nummer 214 (341/v)

CTH: 670
Datierung: jh.
Anschlüsse: -
Duplikate: -
Bearbeitung: -

x+1 [ ]x[
2’ [ ]x^{MEŠ} ú-pa[-
3’ [ ] [
4’ [^{UR}]^{U}Ḫa-⸢at⸣-[
5’ [ ] NINDA KAŠ [
6’ [š]a-ra-a [
7’ [ ]x x[

Nummer 215 (346/v)

CTH: 670
Datierung: jh.
Anschlüsse: -
Duplikate: -
Bearbeitung: -

x+1 [ ]x ú-i[z-zi
2’ [LUGAL-u]š *QA-TE*^{MEŠ}*-ŠU* ⸢a⸣-[[273]
3’ [-ká]n ta-pu-ša [
4’ [*I-N*]*A* É ^{DINGIR}U pa-iz-z[i
5’ [a-]da-an-na ú-e-ká[n-zi
6’ [ ]x-ma *IŠ-*⸢*TU*⸣ É ^{DINGIR}x[
7’ [ ]x-an-na[274] ú-e-ek-z[i
8’ [ ] [
9’ [^{L}]^{Ú}SANGA *I-NA* É ^{DINGIR}U [
10’ [ḫa-an-]te-ez-zi p[al-ši

---

273 a[-ar-ri oder a[-an-ši.

274 a-d]a-an-na oder a-k]u-an-na.

Nummer 216 (49/v)

CTH: 677
Datierung: mh.[275]
Anschlüsse: -
Duplikate: - (vgl. KBo 25.79 (+) KUB 35.126 IV x+1ff.[276])
Bearbeitung: -

x+1 [^{NINDA}ka]-⌈ḫa-a⌉-[ri-it
2' [^{NINDA}pí-i̯a-an-ta-a]l-⌈li-iš⌉ [

3' [-l]i II ME ^{NINDA}ta-ḫa-x[
4' [ ]x *ŠA* še-⌈ep⌉-pí-⌈it⌉ [
5' [š]e-ep-pí-it x x[

6' [ ]x x x x[

Nummer 217 (222/v)

CTH: 685
Datierung: jh.
Anschlüsse: -
Duplikate: -
Bearbeitung: -

lk.Kol.
x+1 [ ]x x
2' [-t]i
3' [ ]x ḫu-u-kán-z[i]

4' [ ] ^{DINGIR}LAMMA pár-ši-i̯a
5' [k]u-u̯a-pí
6' [-r]a-a-an
7' [ ] kat-ta da-a-i
8' [ka]t-ta III-*ŠU* ši-pa-an-ti
9' [ ] ⌈^{DINGIR}⌉LAMMA ši-ip-pa-an-ti
10' [ ] ⌈me⌉-na-aḫ-ḫa-an-da ḫu-⌈u⌉-ká[n-zi]
11' [*A-N*]*A* DINGIR^{MEŠ} x LÚ[
12' [ ] x x x x [

---

275 S. Košak, Konkordanz 1.6, sub 49/v, datiert das Fragment ah.
276 Vgl. die Umschrift bei D. Groddek, AoF 25 (1998), p. 236-237 (Nr. 51).

Nummer 218 (55/v)

CTH: 701
Datierung: jh.
Anschlüsse: -
Duplikate: (par. KBo 27.161 + KBo 27.139 + KBo 8.157 + KBo 35.91 Vs. I 7'-17'[277])
Bearbeitung: -

x+1 p[a-ra-a e-ep-zi na-at EN.SÍSKUR ar-ḫa ku-e-er-zi]
2' nu G[ÍR-an a-ap-pa *A-NA* ^{LÚ}AZU pa-a-i na-at-ša-an kat-ta *A-NA* ^{GIŠ}BANŠUR AD.KID]
3' da-⌈a⌉-[i ^{LÚ}AZU-ma ku-it ½ ^{UZU}NÍG.GIG ^{UZU}ŠÀ ku-un-na-az ki-iš-ra-az ḫar-zi]
4' na-a[t-kán ^{DUG}a-aḫ-ru-uš-ḫi-i̯a *A-NA* Ì.GIŠ an-da da-a-i GÙB-la-az-ma ku-it]
5' ½ $^{\text{UZ[U}}$NÍG.GIG ^{UZU}ŠÀ ḫar-zi na-at-ša-an kat-ta *A-NA* ^{GIŠ}BANŠUR AD.KID da-a-i]

6' nu-za I [^{NINDA}i-tu-ri-in da-a-i ḫur-li-li-ma me-ma-i]

7' ú-l[a-ap ke-e-lum-ma ^{DINGIR}Ḫé-pát ^{DINGIR}Ḫu-u-te-na u̯a$_{a}$-a-u̯a$_{a}$-a-an-ni ...

8' I NINDA.S[IG pár-ši-i̯a ḫur-li-li-ma me-ma-i]

9' ka-⌈a⌉-[al-li-iš ka-a-am-ma-aḫ-ḫi-ni-eš KI.MIN]

10' nam-m[a ^{NINDA}i-tu-ri-in KI.MIN ḫur-li-li-ma me-ma-i]

Nummer 219 (597/v + Bo 2592 + Bo 4379 + Bo 8616)

CTH: 701
Datierung: mh.
Anschlüsse: + KUB 45.3 + KUB 47.43

277 Zur Tafel vgl. M.-C. Trémouille, ChS I/8, p. 156-157 (Nr. 269), mit verwirrender Joinskizze: in Rs. IV wäre das mit 168/o etikettierte Fragment in 121/m zu ändern, weiters fehlt die Rs. von KBo 27.139, die direkt unterhalb von 31/o zu stehen kommt. Entsprechend fehlt KBo 8.157 (121/m) in den Angaben des ChS-Bandes, korrekt D. Groddek, AoF 22 (1995), p. 330-331 (Nr. 18), oder D. Groddek/A. Kloekhorst, DBH 19, p. 103-104.

Duplikate: KBo 51.182, x+1ff. (//Vs. I 32ff.)
Bearbeitung: M. Salvini/I. Wegner, ChS I/2, Nr. 40; M.-C. Trémouille, AoF 34 (2008), p. 117; D. Groddek, IJDL 2 (2005), p. 9; I 24 D. Bawanypeck/S. Görke, FS Košak, p. 62-63; I 28 D. Bawanypeck/S. Görke, FS Košak, p. 64; I 30-31 D. Bawanypeck/S. Görke, FS Košak, p. 65[278]

Vs. I

---

23 nam-ma MUŠEN *A-NA* DINGIR^{LIM} ⸢me-na-aḫ-ḫa-an-da⸣ e-ep-zi nu ḫur-li-l[i me-ma-i]
24 ge-el-li-ne-em e-ra-te-ne-eš ḫa-a-ṷu$_{u}$-ru-ne-bi-ne-eš
25 nam-ma-ši-kán ZAG-ni pár-ta-ú-ni pa$^{!}$[279]-an-kur da-a-i na-at-kán[280] {Ras.}
26 ^{DUG}aḫ-ru-uš-ḫi *A-NA* Ì an-da šu-ú-ni-ez-zi na-at-kán ḫu-up-ru-uš[-ḫi-ia]
27 ⸢pa⸣-ra-a pé-eš-ši-ia-az-zi nu ḫur-li-li ki-iš-ša-an me-ma-i
28 a-na-ḫi-te-ne-eš da-a-tu-⸢uš⸣-še-ne-eš ⸢ši$^{!}$⸣-i-ip ge-lu-ma

---

29 nam-ma-az ^{LÚ}AZU GAL GEŠTIN ⸢da⸣-a-i nu DINGIR^{LIM} pé-ra-an ši-pa-an-ti
30 nu ḫur-li-li me-ma-i šu-u-ṷa-⸢a⸣-la ne-eš-še ṷa$_{a}$-aḫ-ru-še-ne[-eš][281]
31 ši-i-ip ge-e-lu -⸢ma⸣

---

32 nam-ma MUŠEN pa-ra-a da-me-e-d[a-ni *A-N*]*A* ⸢^{LÚ}AZU pa⸣-a-i

Nummer 220 (1866/u)

CTH: 705
Datierung: jh.
Anschlüsse: -

---

278 Literatur zur Tafel insgesamt bei S. Košak, Konkordanz 1.6, sub 597/v.
279 Zeichen PÁR.
280 KÁN über Rasur.
281 Entgegen dem Ansatz und der Analyse als ṷaḫrušene bei D. Bawanypeck/S. Görke, FS Košak, p. 65, wird hier der Ansatz mit °[-eš] aus ChS I/2, p. 271, beibehalten, da, wie ein Blick in das Glossar von ChS I/2, p. 28, lehrt, in der vorliegenden bzw. der vorliegenden ähnlichen Formulierung stets ṷaḫrušeneš verwandt wird, zumeist mit darauf folgenden ši-i-iš, doch siehe KBo 33.24 + KUB 47.45 (= ChS I/2, Nr. 50 [p. 333]) Rs.$^{?}$ IV 7' -n]e-eš ši-i-ip ge-lum-ma. Ein gegen diesen Befund singulär geänderter Ansatz wäre erst einmal gut zu begründen gewesen.

Duplikate: KBo 40.89 + KBo 15.42 + KBo 35.207 + KBo 33.83 (+)? IBoT 2.43 (+)? KBo 35.177 I 2'ff. (//Vs. 1ff.)[282]; KBo 22.180 Vs. I x+1ff. (//Vs. 4'ff.)[283]
Bearbeitung: -

Vs.

1 [NINDA.KU$_7$ NINDA.Ì].⌜E⌝.D[É.A GEŠTIN an-da]
2 [ ] ⌜i⌝-i̯a-an -zi [ ]
3 [na-at *PA-NI* GI]Š.NÁ da-a-i [ ]

---

4 [na-aš-ta UDU an-d]a u-un-ni-⌜i̯a-an⌝-[zi]
5 [ ]x x x x[
6 [ ]x x[
7 [ ]x x[

Nummer 221 (51/v)

CTH: 705
Datierung: jh.
Anschlüsse: -
Duplikate: -
Bearbeitung: -

x+1 [-t]i-⌜i̯a *A-NA*⌝ x x[
2' [-]ma EGIR-*ŠU*-ma [
3' [DINGIR^{MEŠ}-n]a ḫ̮i-i̯a-⌜ru-un⌝-[na

4' [EGIR]-⌜*ŠU*⌝-ma x x x x[
5' [ ]x x[

282 Auf Grund des Erhaltungszustandes sind nur Zz. KBo 40.89 +, Vs. I 2'-4', und KBo 54.220 Vs. 1-4, sicher vergleichbar. Für eine Umschrift von KBo 40.89 + siehe I. Wegner, ChS I/3.2, p. 137-139.

283 Der schlechte Erhaltungszutand der Zz. 5'-7' von KBo 54.220 erlaubt keine genaue Zuordnung zu KBo 22.180 Vs. I 2'-4'. Im übrigen wäre bezüglich des problematischen Duplikatcharakters von KBo 40.89 + KBo 15.42 + KBo 35.207 + KBo 33.83 (+)? IBoT 2.43 (+)? KBo 35.177 und KBo 22.180 auf D. Groddek, DBH 24, p. 165 Anm. 410, zu verweisen, ebd., p. 165-168, Umschrift von KBo 22.180.

Nummer 222 (1934/u)

CTH: 712
Datierung: jh.
Anschlüsse: + ABoT 2.217[284]
Duplikate: -
Bearbeitung: -

Vs.?

x+1(= 9') ⸢DINGIR⸣[

2' (= 10') I NINDA.SI[G
3' (= 11') I NINDA.SIG [
4' (= 12')I NINDA.SIG [

5' (= 13') na-aš [

Rs.?

x+1 ⸢I⸣ [

2' IV [
3' III [
4' III x[

5' I x [
6' I x[
7' I [

Nummer 223 (Bo 68/62 + Bo 3840 + Bo 4110)

CTH: 714
Datierung: jh.
Anschlüsse: + KUB 47.66[285]
Duplikate: KUB 47.67 lk. x+1 (//Vs. I 7)[286]
Bearbeitung: D. Groddek, IJDL 2 (2005), p. 18; I. Wegner, ChS I/3.1, Nr. 42[287]

---

284 AnAr 16-4-68, siehe S. Košak, Konkordanz 1.6, sub 1934/u (Join R. Akdoğan).

285 Zu beachten ist, daß sich durch den Anschluß die Zeilenzählung von KUB 47.66 um eins erhöht.

286 Zu Parallelen siehe I. Wegner, ChS I/3.1, p. 178.

287 Literatur zur Tafel insgesamt bei S. Košak, Konkordanz 1.6, sub Bo 68/62.

Vs. I

1 [ ]x-pa-x[-a]z [

2 [ ] *A-NA* ^{DINGIR}⸢*IŠTAR*⸣ [ ]x-i nu k[u-i]t[-ma-an]

3 [EN.SÍSKU]R zi-in-z[a-pu]-⸢uš⸣-ši-i̯a u̯a-aḫ-nu-z[i]

4 [^{LÚ}NAR-ma k]i-i ⸢SÌR⸣ [ ] SÌR^{RU} [ ]

---

5 [^{DINGIR}*IŠTA*]*R*-u̯a-a-ḫi za![288]-⸢az⸣-za-al-li-ma a-li [ ]

6 [a-]li-⸢i-mi⸣-e-⸢i⸣ [za]-⸢al⸣-la ^{DINGIR}Ni-na-at-⸢ta⸣ [ ]

7 [^{DINGI}]^{R}Ku-li-it-⸢ta⸣ [z]a-az-za-al-li-ma a-l[i]

Nummer 224 (178/v)

CTH: 667
Datierung: jh.
Anschlüsse: -
Duplikate: 2076/g
Bearbeitung: -

---

x+1 [ ](-)⸢ḫu-it⸣-[

2’ [ ]x-ri-i̯a[-

3’ [ ] *PA* ZÌ.DA ZÍZ x[

4’ [ ]x ti-it-t[a-nu-an-zi

5’ [nu-uš-ša-]an ^{GIŠ}ḫal-pu[-u-ti

6’ [ ]x-ti-uš-ša [

7’ [ ]x-an-x[

Nummer 225 (227/v)

CTH: 733
Datierung: jh.
Anschlüsse: -
Duplikate: - (vgl. KUB 28.75[289])
Bearbeitung: -

---

288 Zeichen ḪA.

289 Für eine Umschrift des Stückes siehe E. Neu, StBoT 25, p. 193-195 (Nr. 113).

lk.Kol.

x+1 [ ]x
2’ [ ]
3’ [ ]x-du-u-⌜kán⌝
4’ [ ]

5’ [-u]n

r.Kol.

x+1 x x[

2’ u-ut-⌜ḫu⌝-[r]u-⌜u⌝ ^{DINGIR}x[
3’ ^{DINGIR}Iš-du-u[š-ta-i̯a(-)
4’ a-ši-ip [
5’ ka-x[

Nummer 226 (30/v)

CTH: 734
Datierung: jh.
Anschlüsse: -
Duplikate: -
Bearbeitung: O. Soysal, HbOr I/74, p. 67; 4’ D. Groddek, IJDL Supplement 1, p. 29 Anm. 46; 4’ H.A. Hoffner, Al.Heth., p. 186

x+1 [ ] x x x x [ ]x[
2’ [^{DINGIR}Z]i-it-ḫa-ri-i̯a-an-ma x[
3’ [ ]-⌜an⌝-zi nu a-pé-e-el x[
4’ [ ]x tap-pí-in-nu-u̯[a
5’ [ ]x x ka-tu-u[ḫ
6’ [-l]a-a-i̯a ⌜a⌝-[

7’ [-r]a-a[n

Nummer 227 (92/v)

CTH: 745
Datierung: jh.
Anschlüsse: -

Duplikate: KUB 48.8 Vs. 3ff. (//x+1ff.)[290] (vgl. KBo 53.211)

Bearbeitung: O. Soysal, HbOr I/74, p. 67

x+1 [ ] ⸢a-pu⸣-[

2' [l]e-e-ši[-in le-e-u̯a$_a$-ši-in

3' [-na ka-a]t-te ši-i[p-zi-il(-)

4' [ ]-⸢e⸣-u̯u$_u$-uš-⸢ma⸣ [

5' [... te-u̯]a$_a$-aš-ḫa-at a-ši [i-u̯a$_a$-la(-)

6' [-l]i-i̯a iš[-ta-aḫ-ḫu-u-ḫu ú-uk ta-

7' [t]a-ba-ar-na [

8' [-i]k-ka-⸢ri⸣-[

9' [ ]x x[

Nummer 228 (1923/u)

CTH: 750

Datierung: ?[291]

Anschlüsse: -

Duplikate: IBoT 2.38 Vs. III 2'-4' (//r. x+1-3')

Bearbeitung: -

r.Kol.

x+1 NINDA.⸢GUR$_4$.RA⸣$^{\text{ḪI.⸢A⸣}}$ [pár-ši-i̯a]

2' ^{MUNUS}ŠU.GI-m[a *ŠA* ^{DINGIR}Zi-pár-u̯a$_a$]

3' *ŠA* NINDA.GUR$_4$.⸢RA⸣ [$^{\text{ḪI.A}}$ ud-da-a-ar]

Nummer 229 (212/v)

CTH: 760

Datierung: jh.

Anschlüsse: -

Duplikate: - (par. KUB 55.20 + KUB 9.4 + Bo 7125 + Bo 8057 IV 5'-14'[292] bzw. KUB 9.34 IV 9'-16'[293])

290 Die textlichen Überschneidungen sind zu gering und der Textverlust in beiden Duplikaten ist zu groß, als daß eine durchgehende Textrekonstruktion möglich wäre.

291 Signifikante Zeichenformen fehlen.

292 Vgl. dazu die Bearbeitung bei G. Beckman, Or 59 (1990), p. 40f.

293 Vgl. dazu die Bearbeitung bei M. Hutter, OBO 82, p. 40ff.

Bearbeitung: -

x+1 [ ]x x[
2' [E]ME-an *ŠA* [[294]
3' [KARAŠ-aš EME-an KI.MIN *ŠA D*]*I-NIM* EME-a[n KI.MIN tu-li-i̯a-aš EME-an KI.MIN]
4' [$^{\text{LÚ.MEŠ}}$a-ú-i-ši-li-i̯a-]aš EME-an ⸢KI⸣.[MIN]

5' [pa-an-ga-u-u̯a-aš] ḫa-aš-ša-an-na-aš E[ME$^{!}$-an KI.MIN]
6' [$^{\text{LÚ.MEŠ}}$lu-la-ḫi-i̯a-aš ^{L}]$^{\text{Ú.MEŠ}}$ḫa-a-pí-ri-i̯[a-aš KI.MIN]
7' [GIDIM-aš TI-a]n-⸢da⸣-aš EME-an [KI.MIN]
8' [a-da-an-da-aš] a-ku-u̯a-an-t[a-aš EME-an KI.MIN]
9' [ta-an-ga-ra-a]n-⸢da⸣-aš LÚ[

Nummer 230 (1966/u)

CTH: 790
Datierung: jh. (spät)
Anschlüsse: -
Duplikate: - (vgl. KBo 35.78 (+) KBo 23.45 (+) KBo 35.79 + KBo 27.119 + KBo 35.76 + KBo 38.280 + KBo 23.42 (+) KBo 14.130 (+) KBo 35.86 I 1-3[295])
Bearbeitung: -

x+1 [ ] x x x [
2' [-]ta-ri [

3' [ ]x *I-NA* É^{TIM} [
4' [ ]x-zi $^{\text{LÚ.⸢MEŠ⸣}}$AZU-ma [
5' [š]u-up-pí-i̯a-aḫ-ḫa-an[-zi
6' [ ] x x-⸢an⸣ [

Nummer 231 (1917/u)

CTH: 791
Datierung: jh.

---

294 Auf Grund der schlechten Texterhaltung und der stereotypen Formulierungen ist ein Herstellungsversuch der Zz. x+1-2' wenig sinnvoll.

295 Teilstück KBo 23.42 + KBo 35.76; vgl. die Umschrift bei D. Groddek/A. Kloekhorst, DBH 19, p. 83.

Anschlüsse: -
Duplikate: -
Bearbeitung: -

Vs. r.Kol.

---

x+1 a-aš-ta-nu-u-tum x[
2' ta-u̯u$_{ú}$-ú-tum še-x[

3' u̯a$_{a}$-a-an-ta-ri-in [
4' [u]š-⸢ši⸣-ta-bi-ma [
5' [ ]x x-⸢a⸣ x[

Nummer 232 (1946/u)

CTH: 791
Datierung: jh.
Anschlüsse: -
Duplikate: -
Bearbeitung: -

x+1 [-t]a-x x[
2' [ ]x-uš ḫa-ta-a-a[š(-)
3' [ ]-⸢ri⸣-da-a-ni ḫa-a-⸢šu⸣-uš [
4' [ ]x-ši-i-e ḫa-aš-te-te-u̯a$_{a}$-a-a[š

Nummer 233 (1991/u)

CTH: 370[296]
Datierung: jh.
Anschlüsse: -
Duplikate: -
Bearbeitung: -

x+1 [ ]x x[
2' [DING]IR^{MEŠ} x[

---

296 Bzw. CTH 791, doch eindeutig mythologisch. In Z. 7'(f.) wäre ^{DI}[^{NGIR}...-ta-al a-lu-ma-a-in ka-ti-i̯a ergänzend zu lesen.

3’ [-z]u-ku-x[
4’ [DING]IR^{MEŠ}-na [
5’ [-]ri-il DINGIR^{M}[^{EŠ}-
6’ [DINGI]R^{MEŠ}-na (-)šu-⌜u⌝-[

7’ [ ] ti-u̯e$_{\text{e}}$-na ^{DI}[^{NGIR}
8’ [ ]x x ⌜^{DINGIR}IM⌝ [ ]x[

Nummer 234 (63/v)

CTH: 791
Datierung: jh.
Anschlüsse: -
Duplikate: -
Bearbeitung: -

x+1 [ ] u̯u$_{\text{u}}$-u-x[
2’ [ ]x-eš-ḫi-ni [
3’ [ ] na-ḫu-ul-l[a-
4’ [ ]x-⌜da⌝-ša ^{URU}⌜Ḫa⌝-x[
5’ [ ]-⌜iš⌝ e-⌜et⌝-na [
6’ [ ] še-el-li [
7’ [-n]a-a-ša te-x[
8’ [ ] x x x-ni [
9’ [ ] še-el-li [
10’ [ ] x x x [

Nummer 235 (189/v)

CTH: 791
Datierung: jh.
Anschlüsse: -
Duplikate: - (KUB 47.1 (+) KBo 27.219 (+) KBo 27.218 Rs. IV 8”-10”[297] par. Zz. 5’-7’)
Bearbeitung: -

x+1 [ ]x x x[
2’ [ ]x zi-ip-x[

---

297 Vgl. die Umschrift bei M. Salvini/I. Wegner, ChS I/6, p. 59.

3’ [-]ul-lu-ḫu-x[
4’ [-š]a-at ši[-
5’ [ ]x u̯a$_a$-aš-⸢du⸣-[
6’ [ḫ]a-ša-a[r-
7’ [ ]x-am-ḫa-⸢a⸣-[
8’ [ ]x[

Nummer 236 (199/v)

CTH: 791
Datierung: ?[298]
Anschlüsse: -
Duplikate: -
Bearbeitung: -

Vs.$^?$
x+1 [ ]x-x-uk-ki-el

2’ [ ]x u̯u$_ú$-u-ri-t[a
3’ [-i]š
4’ [ ]x[

Rs.$^?$
x+1 [-]ip

Nummer 237 (239/v)

CTH: 791
Datierung: mh.
Anschlüsse: -
Duplikate: -
Bearbeitung: -

x+1 [ ]x-bi-x[
2’ [ ]x ⸢ma⸣-[
3’ [ ]x ša-x[
4’ [^{UR}]^U*ḪA-AT-T*[*I*

298 Signifikante Zeichenformen fehlen. UK (Vs.$^?$ x+1) ohne Subskription allein reicht für eine Datierung in ältere Zeit nicht aus.

5' [ ]x šar-ri-bi[-
6' [-l]i-bi-na x[
7' [ ]x at$^{?}$-tar-te-el [
8' [-š]um-m[i-]bi a-aš-ka$_4$[-
9' [ ]x-ḫi ki-ip-ti [
10' [ ]x ga-ra-ši-x[
11' [ ]x ⌜e⌝-eb-ri-x[
12' [ ]x-⌜na⌝-ap-x[
13' [ ]x[

Nummer 238 (254/v)

CTH: 791
Datierung: ?[299]
Anschlüsse: -
Duplikate: -
Bearbeitung: -

x+1 [ ]x[
2' [ ]x-lu-x[
3' tal-mi[-
4' ta-x[
5' ḫa-⌜a⌝-[
6' x x[

Nummer 239 (253/v)

CTH: 791
Datierung: ?[300]
Anschlüsse: -
Duplikate: -
Bearbeitung: -

x+1 ⌜*Ù*⌝ x[
2' tu-u[z-
3' ša-⌜ni⌝-[
4' x x[

299 Signifikante Zeichenformen fehlen.
300 Signifikante Zeichenformen fehlen.

Nummer 240 (13/v)

CTH: 824
Datierung: jh.
Anschlüsse: -
Duplikate: 529/t (+) KBo 52.225a (+) KBo 22.242 + KBo 52.225b[301] Vs. II 1-5[302] (//Vs. II 4-8); 795/z (+) 806/z; Bo 84/1 Vs. II 1ff. (//Vs. II 4ff.)
Bearbeitung: H. Otten/C. Rüster, ZA 72 (1982), p. 148-149; S.Ö. Savaş, ArchAn 3 (1997), p. 276ff.; D. Groddek, DBH 24, p. 230

Vs. I

1 [ ] pa-iz-zi
2 [k]i-nu-na I-iš
3 [ ]x LÚ-iš
4 [*Ú-*]*UL*[303] ú-u̯a-an-za
5 [ ] ⸢ú⸣-u̯a-an-zi
6 [ ]x-ru-x-⸢zi⸣

---

7 [-z]i
8 [ ]x x

Vs. II

1 ^{URU}Ḫu-u̯[a-
2 nu MÁŠ.GA[L
3 pí-an-z[i
4 nu $^{LÚ.MEŠ}$A[PIN.LÁ MUNUS.LUGAL MÁŠ.GAL *Ú-UL* pí-an-zi]
5 nu DUG.KA.G[AG NAG XII NINDA.GUR$_4$.RA pí-an-zi ^{URU}Ša-at-ti-na-az-ma-aš
6 ^{URU}Tap-pa-ru-t[a pa-iz-zi $^{LÚ.MEŠ}$APIN.LÁ MÁŠ.GAL *Ú-UL* pí-an-zi]
7 nu DUG.KA.G[AG NAG XII[304] NINDA.GUR$_4$.RA pí-an-zi]

---

8 [^{URU}Tap-p]a-⸢ru⸣-t[a-az-ma-aš ^{URU}A-an-ni-i̯a-at-ta pa-iz-zi ...

---

301 Autographie von 1003/z (= KBo 52.225b) auch bei H. Otten/C. Rüster, ZA 72 (1982), p. 149. Nach C. Corti, KBo 52, p. XII (sub Nr. 225a-b), gehört 795/z (+) 806/z eher nicht zu dieser Tafel.

302 Teilstück KBo 22.242, vgl. die Umschrift bei D. Groddek, DBH 24, p. 230.

303 UL über Rasur.

304 Vgl. D. Groddek, DBH 24, p. 230 Anm. 534.

Nummer 241 (18/v)

CTH: 825
Datierung: ?[305]
Anschlüsse: -
Duplikate: -
Bearbeitung: -

Rs.

---

x+1 [ ]x-zi
2' [U]RU⌈Tu⌉-u-⌈ḫu-up⌉-pí-i̯a

Nummer 242 (1828/u)

CTH: 832
Datierung: jh.
Anschlüsse: -
Duplikate: -
Bearbeitung: -

lk.Kol.
x+1 [-z]i
2' [-n]a-an-zi

r.Kol.
x+1 x x[
2' *A-*⌈*NA*⌉ [
3' pí-i[š-

4' [I]x[
5' UN-aš x[
6' te-ez-z[i
7' DUMU-an-⌈na⌉ [
8' x[ ]x[

305 Datierungsrelevante Zeichenformen fehlen.

Nummer 243 (1850/u)

CTH: 832 (591?)
Datierung: jh.
Anschlüsse: -
Duplikate: -
Bearbeitung: -

lk.Kol.

x+1 [ ]x-uš

r.Kol.

x+1 x[
2' ⌜a⌝-aš-⌜ša⌝-[
3' ANŠE.KUR.R[A
4' a-pu-uš [
5' ma-i̯a[-an-ta-an ^{DINGIR}UTU-šum-mi-in]
6' ^{MUNUS}ta-u̯[a-na-an-na-an

Nummer 244 (1853/u)

CTH: 832
Datierung: jh.
Anschlüsse: -
Duplikate: -
Bearbeitung: -

x+1 [ ]x x$^{HI.⌜A}$-uš⌝ x[

2' [-]ik-ku-u-en x[
3' [ ] ša-x[

Nummer 245 (1859/u)

CTH: 832
Datierung: jh.
Anschlüsse: -
Duplikate: -
Bearbeitung: -

Rs.

x+1 [ ] ⌜a⌝-ra-aš[-š]i-⌜iš⌝ [
2' [ ]x-aḫ-ḫa-ma-aš a-ki
3' [-a]n-ti
4' [-]zi
5' [ ] kar-aš -mi

Nummer 246 (1863/u)

CTH: 832
Datierung: jh.
Anschlüsse: -
Duplikate: -
Bearbeitung: 3(') B.H.L van Gessel, HbOr I/33, p. 251; 3' J.L. Miller, KBo 53, p. VIII (sub Nr. 133)

x+1 [ ]x-aš-⌜šu⌝-x x[

2' [ ] ⌜ú⌝-uk ^{DINGIR}U-aš x[
3' [ ]x ^{DINGIR}Gul$^{\text{ḪI.A}}$-u[š
4' [k]u-u̯a-pí-ik-ki [
5' [ ] x x x x x [

Nummer 247 (1875/u)

CTH: 832
Datierung: ?[306]
Anschlüsse: -
Duplikate: -
Bearbeitung: -

lk.Kol.
x+1 [ ]x

2'' [ ]x

r.Kol.
x+1 x-⌜an⌝ [
2' ⌜ták⌝-na[-

306 Signifikante Zeichenformen fehlen.

3’ ša-˹an˺-[
4’ EGIR-a[n
5’ nu-ká[n

6’ nu x[

Nummer 248 (1911/u)

CTH: 832
Datierung: jh.
Anschlüsse: -
Duplikate: -
Bearbeitung: -

lk.Kol.

x+1 [ ]x
2’ [ ]x

3’ [ ] ˹DUMU˺ MEŠ-*ŠU*
4’ [i]š-tar-na
5’’ [ ]
6’’ [ ]
7’’ [ ]

8’’ [ ]x-e

Nummer 249 (1922/u)

CTH: 832
Datierung: jh.
Anschlüsse: -
Duplikate: -
Bearbeitung: -

Rs.

x+1 [ ]x[
2’ [EGI]R-˹pa˺ ta-a[n-
3’ [ ] nu *Ú-UL* ú-e-x[

4’ [-]aš EGIR-pa *MA-ḪAR* DINGIRUTU*ŠI* pa-r[a-
a na-a-iš

5’ [ ] u-un-ni-eš-ta GIM-an-ma EGIR-pa [
6’ [ ]x *MA-ḪAR* ^{DINGIR}UTU$^{\check{S}I}$ pa-⸢ra⸣-a na-a-i[š
7’ [ ] *ŠA* NÍ.⸢TE⸣-*ŠÚ* ar-⸢ku⸣-u̯a-ar ⸢e⸣-[
8’ [ ]x-mi-eš-⸢ta⸣ nu *Ú-⸢UL* ku⸣-in-ki [

Nummer 250 (1928/u)

CTH: 832
Datierung: mh. (?)
Anschlüsse: -
Duplikate: -
Bearbeitung: -

Vs.
1 [ ] ^{URU}Ḫa-⸢it⸣-ta
2 [-š]a-at
3 [ ] MUNUS.LUGAL-aš-ša SÍSKUR
4 [ ] ḫar-u̯a-ši-i̯a
5 [ ]x[-]la-aš DUB$^{\mathrm{HI.A}}$-aš
6 [ ]x-i̯a
7 [ ]x

Nummer 251 (1929/u)

CTH: 832
Datierung: jh.
Anschlüsse: -
Duplikate: -
Bearbeitung: -

x+1 [-]ḫa-aš na-at [
2’ [-A]Ḫ-ḫi ma-a-an-ma-m[u
3’ [ ] DINGIR^{LUM}-kán a-ú-ri[-
4’ [ ] x x x x x x [

Nummer 252 (1942/u)

CTH: 832
Datierung: jh.
Anschlüsse: -

Duplikate: -
Bearbeitung: -

r.Kol.

---

x+1 na-aš ⌜A⌝-i[t

2’ LUGAL-iz-na-aš x[

3’ [z]i-in-n[i-

Nummer 253 (1948/u)

CTH: 832
Datierung: jh.
Anschlüsse: -
Duplikate: -
Bearbeitung: -

lk.Kol.

x+1 [ ]x
2’ [-z]i

3” [ ]x

r.Kol.

x+1 [ ]x[
2’ [ ]x x x[
3’ KIN-an ⌜an⌝-[
4’ le-e [

5’ ma-a-an a-pa[-
6’ u̯a-aš-túl tar-pa-aš[-
7’ i-da-a-la-u-u̯[a-
8’ x x[

Nummer 254 (1952/u)

CTH: 832
Datierung: jh.
Anschlüsse: -
Duplikate: -
Bearbeitung: -

x+1 [ ]x-u̯a-a[n(-)
2’ [ ]x-za ku-u̯a-at x x
3’ [ ]x a-ra-an-ta-⌈ri⌉
4’ [ ] ⌈a-ra⌉-an-ta-ri
5’ [ ]x-aš DINGIR^{MEŠ}-aš GAM-an
6’ [ ]x-an-ti ták-ši-x

Nummer 255 (1963/u)

CTH: 832
Datierung: jh.
Anschlüsse: -
Duplikate: -
Bearbeitung: 4’ E. Neu, StBoT 18, p. 58

x+1 [ ] ⌈AMA-*ŠU* šu⌉-x[
2’ [-d]a-az šu-me-e[n-
3’ [ ]x-ni-it *QA-TAM*-⌈*MA*⌉ [
4’ [U]D-ti GE$_6$-ti-i̯a x[
5’ [ ]x e-eš-tén šu-ma-⌈a⌉-[aš
6’ [ ]x-⌈ma⌉-an-⌈ti⌉ x x x [

Nummer 256 (1972/u)

CTH: 832
Datierung: jh.
Anschlüsse: -
Duplikate: -
Bearbeitung: -

r.Kol.

x+1 [ ]-⸢ni⸣-i̯[a-

2’ nu-u̯a-az [
3’ nu-u̯a-⸢ra⸣-at [
4’ li-in-g[a-

5’ ar-nu-u̯[a-
6’ GU_4^{HI.A} [
7’ x[

Nummer 257 (1974/u)

CTH: 832
Datierung: jh.
Anschlüsse: -
Duplikate: -
Bearbeitung: -

Rs.

1 [ ] e-ep-du [ ]
2 [LÚ.M]EŠ har-pa-na-al-li-u[š]
3 [ ] e-ep-zi [ ]

---

4 [ ]x-u̯a-ri-⸢u̯a⸣-ra-aš [
5 [-]u-uš-na LÚ [
6 [D]INGIR⸢MEŠ⸣-aš [

Nummer 258 (12/v)

CTH: 832
Datierung: jh.
Anschlüsse: -
Duplikate: -
Bearbeitung: -

x+1 [ ]x x[
2’ [-p]a-⸢kán⸣ [
3’ [ ] ša-li-i̯[a-
4’ [ ] nam-ma-at-k[án

5’ [ ]x-ša-i̯a ⸢ar⸣-[
6’ [ ]x^{MEŠ}-ti u̯a-a-tar-u̯a[-
7’ [ ]x-uš-⸢kán⸣-zi nu ⸢ke⸣-e[(-)
8’ [ ]x ar-ḫa-at-ta x[
9’ [ ]x(-)ma-an-ta ⸢EGIR⸣-an [
10’ [ ]x-pát ka-ru-ú ša-ak-t[i
11’ [ ]x ki-nu-un-mu-za-kán GIM-a[n
12’ [ ]x-pát ka-ru-ú ša-a[k-ti
13’ [k]a-⸢ru⸣-ú ša-ak-t[i
14’ [ ]x x[

Nummer 259 (15/v)

CTH: 832
Datierung: ?[307]
Anschlüsse: -
Duplikate: -
Bearbeitung: -

x+1 [ ]^{MEŠ} x[308][
2’ [n]a-at-ká[n
3’ [^{GI}]^{Š}al-ki-iš-t[a-
4’ [-z]i [

Nummer 260 (16/v)

CTH: 832
Datierung: mh. (?)
Anschlüsse: -
Duplikate: -
Bearbeitung: -

x+1 [ ]x x[

2’ [^{U}]^{RU}Ḫi-u̯[a-
3’ [ ]x-ma-aš-k[án

307 Signifikante Zeichenformen fehlen.

308 Am Photo ist noch ein tief sitzender Kopf eines Wagerechten erkennbar, auf den gleich der Fuß eines Senkrechten folgt, dann etwas undeutlicher wohl noch der Fuß eines zweiten Senkrechten. Dieser Zeichenrest ist in der Autographie versehentlich entfallen.

4’ [ ]x pa-iz-z[i
5’ [a]r-ḫa ap-p[a-
6’ [ ] x x x [

Nummer 261 (20/v)

CTH: 832
Datierung: jh.
Anschlüsse: -
Duplikate: -
Bearbeitung: -

Vs.
x+1 [ ] pa-iš-kit$_9$-te-ni
2’ [ ]x-aš *Ú-UL* e-ep-z[i]
3’ [le-e ku-]iš-ki e-ep-zi
4’ [ḫ]u-⸢an⸣-ḫu-ni-eš-na-aš
5’ [ ] šu-meš-ša-kán
6’ [ ]x-iš-du-ma-⸢ti⸣
7’ [ ]x

Rs.
x+1 [ ]x-x-za-at
2’ [d]a-at-ta-ri {Ras.}
3’ [ ] pé-di
4’ [ ]
5’ [-e]š-⸢du⸣

Nummer 262 (22/v)

CTH: 832
Datierung: jh.
Anschlüsse: -
Duplikate: -
Bearbeitung: -

r.Kol.
x+1 x x-ši x x[
2’ x[ ]-⸢e⸣-na a-a-u x[
3’ x[ ]x-u-zi ^{m}Ki[-

4’ a[-]x ḫu-u-up[-
5’ x x x x[

6’ a-a-u ^{m}⸢Na⸣-a-za[-
7’ [a]-⸢a-u⸣ ^{m}I-i̯a[-

Nummer 263 (31/v)

CTH: 832
Datierung: jh.
Anschlüsse: -
Duplikate: -
Bearbeitung: -

x+1 [ ]x [

2’ [k]iš-an ḫa!-at-ra[-
3’ [ ]-⸢u̯a⸣-u̯a-kán ⸢ŠÀ⸣ É.DINGIR[^{LIM}
4’ [-r]i-i̯a-at-tén [ ]
5’ [ ]x-u-en nu me-mi-ni š[e-er
6’ [ ]x-u̯a *A-NA* ^{DINGIR}⸢*IŠTAR*⸣ [
7’ [ ]x MU.IM.MA MU [
8’ [ ] ⸢a-pád-da⸣ x x[

Nummer 264 (36/v)

CTH: 832
Datierung: ?[309]
Anschlüsse: -
Duplikate: -
Bearbeitung: -

1 [ ] ⸢ú⸣-u̯a-nu-⸢un⸣

---

2 [ ]x ú-i-it-x[

309 Signifikante Zeichenformen fehlen.

Nummer 265 (37/v)

CTH: 832
Datierung: jh.
Anschlüsse: -
Duplikate: -
Bearbeitung: -

x+1 [ ]x x[
2' [-a]š IM-a[n
3' [ ] ⸢e⸣-ep-d[u!

4' [I]NIM^{MEŠ} x[
5' [ ] ^{DINGIR}x[

Nummer 266 (47/v)

CTH: 832
Datierung: jh.
Anschlüsse: -
Duplikate: -
Bearbeitung: -

x+1 [ ]x-ak[-
2' [m]a-⸢a⸣-na-aš x[
3' [ ]x[310]-zi ^{DINGIR}A-x[
4' [-š]um-mi-iš-t[a
5' [ ]x an-da za[-
6' [ ]x-⸢du⸣ [

Nummer 267 (52/v)

CTH: 832
Datierung: jh. (spät)
Anschlüsse: -
Duplikate: -
Bearbeitung: -

x+1 [ ]x[
2' [ ] ½ GA.K[IN.AG (?)

310 Zeichen A, E, oder I̯A.

3’ [ ]-⸢pí⸣-i̯a pal-x[
4’ [ ] ^{GIŠ}GIDRU-aš ne-⸢pí⸣-x[
5’ [-u̯]a-aš ne-pí-ša-za ki[š-
6’ [ ]x-i nu-u̯a-aš-ši[311] ^{DINGIR}[
7’ [k]u-it-ma-an-u̯a ⸢kiš⸣-[

8’ [^{URU}Ḫa-a]k-miš ^{LÚ}x[
9’ [ ]x-ta x[
10’ [ ]x x[

Nummer 268 (62/v)

CTH: 832
Datierung: jh.
Anschlüsse: -
Duplikate: -
Bearbeitung: -

x+1 [ ]x[ ]x-⸢uš⸣-š[a(-)
2’ [-z]i-⸢i̯a⸣ na-a[n(-)
3’ [a]n-tu-uḫ-še-eš x[
4’ [ ] a-da-an-na x[
5’ [iš-pa-a]n-du-uz-zi-x[

6’ [ ]x x x x[

Nummer 269 (77/v)

CTH: 832
Datierung: jh.
Anschlüsse: -
Duplikate: -
Bearbeitung: -

x+1 ⸢ŠÀ⸣ x[

2’ ^{DINGIR}UTU$^{\check{S}I}$-x[
3’ nu-za-⸢kán⸣ [

---

311 Ganze Wortform über Rasur.

4’ ma-a-an [
5’ *Ú-NU-UT* [[312]
6’ da-aḫ[-
7’ ^{DINGIR} ⌜*IŠTAR*⌝ [
8’ x x[

Nummer 270 (85/v)

CTH: 832
Datierung: jh.
Anschlüsse: -
Duplikate: -
Bearbeitung: -

x+1 [ ]x [
2’ [-i]t EN-*I̯*[*A*
3’ [-]za ḪUR.SA[G
4’ [ ]x-nu-un x[
5’ [ ]x-u-u̯a-a[t-
6’ [ ]x x[

Nummer 271 (100/v)

CTH: 832
Datierung: jh.
Anschlüsse: -
Duplikate: -
Bearbeitung: -

x+1 [ ] x x x [
2’ [ ]x-⌜ú⌝-ra-al-l[a-

3’ [ ]x *A-NA* DINGIR^{LIM} ku-⌜u̯a⌝-[
4’ [ ]x *Ú-UL*-ma ku-u̯a-⌜pí⌝-[ik-ki
5’ [ ] ⌜ú⌝-iz-zi I UDU x[
6’ [^{DINGIR}]⌜Le-el⌝-u̯a-ni[(-)
7’ [ ]x x[

312 Oder ú-nu-u̯[a-.

Nummer 272 (101/v)

CTH: 832
Datierung: mh. (?)
Anschlüsse: -
Duplikate: -
Bearbeitung: 4(’) H. Berman, Diss., p. 57

x+1 [ ]-⌈mi⌉ [n]u-⌈kán⌉ [
2’ [ ]x-la-aš-⌈ša⌉-mu-⌈kán⌉ [
3’ [-i̯]a É-ri an-da ⌈ú?⌉-[
4’ [ ] na-aš-ta NA$_4$-an KÁ[
5’ [-]az ša-ra-a ḫu-it-t[i-i̯a-

6’ [-a]z EGIR-an ar-ḫa ḫu-i[t-ti-i̯a-
7’ [ ]x-i̯a-u̯a-ra-an-kán ^{GIŠ}ZA.L[AM.GAR
8’ [^{G}]^{IŠ}⌈TIR⌉-it ^{GIŠ}KIRI$_6$.⌈GEŠTIN⌉ x[
9’ [ ]x-an-du na-a[t
10’ [G]IŠ.⌈NÁ⌉-aš [

Nummer 273 (109/v)

CTH: 832
Datierung: jh.
Anschlüsse: -
Duplikate: -
Bearbeitung: -

x+1 [ ]$^{\text{ḪI.⌈A⌉}}$ [
2’ me-mi[-
3’ da-a-⌈an⌉-[
4’ ^{LÚ}*E-PIŠ* G[A
5’ ma-ši-i̯a-a[n-
6’ x x x-⌈an⌉ [

Nummer 274 (110/v)

CTH: 832
Datierung: jh.
Anschlüsse: -
Duplikate: -

Bearbeitung: -

1 [ku-e-da-ni-]ik-ki šar[-
2 [ḫ]u-uḫ-ḫa-az ma[-
3 [ ] ⌜*Ú*⌝ -*UL* pa-a-an-z[a
4 [ ]x x [-]⌜a⌝ [ ]x x ⌜URU⌝[

Nummer 275 (111/v)

CTH: 832
Datierung: jh.
Anschlüsse: -
Duplikate: -
Bearbeitung: -

x+1 [ ] x x x [
2’ [ ] pár-ḫe-eš-ki-iz-z[i
3’ [ ] na-aš ḫa-at-t[u-
4’ [ ]x ḫar-ni-in-ku-u-⌜e⌝-[ni
5’ [ ]x ⌜ta⌝-ma-in x[
6’ [ ]x$^{\text{HI.A}}$ *ŠA* ⌜NA$_4$⌝ [
7’ [ ]x ⌜DINGIR⌝^{MEŠ} ^{GIŠ}⌜ERIN⌝ [
8’ [ ]x ⌜NINDA.GUR$_4$⌝.RA ka[-

9’ [ ] ku-iš x x[
10’ [ ]x DINGIR^{MEŠ} x[

Nummer 276 (113/v)

CTH: 832
Datierung: jh.
Anschlüsse: -
Duplikate: -
Bearbeitung: -

x+1 [ ] x x x x [
2’ [z]i-ik-pát [
3’ [š]ar-ku-uš DING[IR
4’ [a]m-me-el ku[-
5’ [ ]x-*KA* x[

6’ [a-p]a-a-aš(-)x[
7’ [-]aḫ[-

Nummer 277 (123/v)

CTH: 832
Datierung: jh.
Anschlüsse: -
Duplikate: -
Bearbeitung: -

x+1 [ ] x [ ]

2’ [ ] -⸢zi⸣

3’ [ ] -⸢mi⸣

4’ [ ] -⸢un⸣

5’ [ ] -šu

6’ [ ] x

Nummer 278 (126/v)

CTH: 832
Datierung: jh.
Anschlüsse: -
Duplikate: -
Bearbeitung: -

Vs.?

x+1 [ ] ⸢É⸣ URU⸢A⸣-[

2’ [ ]x ⸢É⸣ URUUš-⸢ša⸣-x [

3’ [A]MA *ŠA* ⸢É⸣ URULu-⸢ša⸣-paKI [ ]

4’ [ ]x ⌈*ŠA* É⌉ ^{URU}Lu-u-uš-na^{KI}

5’ [ ]x-ru-ni -šu
6’ [ ]x-tum-x x x x-ti DUMU MUNUS.LUGAL

7’ [ ]x -da

Rs.$^{?}$
x+1 [ ]x
2’ [ ]x

3’ [-]ni
4’ [ ]x
5’ [ ]^{KI}
6’ [ ]x

Nummer 279 (132/v)

CTH: 832
Datierung: jh.
Anschlüsse: -
Duplikate: -
Bearbeitung: -

x+1 [ ] x x x x [

2’ [ ] me-mi-an ⌈an⌉-[
3’ [ ]x *I-NA* KUR $^{\text{U[RU}}$
4’ [ ]x-a[k-

Nummer 280 (134/v)

CTH: 832
Datierung: jh.
Anschlüsse: -
Duplikate: -
Bearbeitung: 7’ E. Neu, UF 27 (1995[1996]), p. 396 Anm. 7

x+1 [ ]x[
2’ [(-)n]e[(-)

3' [ ]x ⸢ar⸣-[
4' [-i̯]a-aš x[
5' [ ] ar-ḫa [
6' [ ]-⸢ma⸣ [

7' [za-a]p-za-ak-ka$_4$[-i̯a
8' [ ] ⸢pé⸣-di ⸢pé⸣-[

9' [ ]x x [

Nummer 281 (135/v)

CTH: 832
Datierung: jh.
Anschlüsse: -
Duplikate: -
Bearbeitung: -

x+1 [ ]x[
2' [ ]x-uš m[e-
3' [-z]i šar[-
4' [^{DINGIR}U p]í-ḫa-aš-š[a-aš-ši
5' [n]a-aš-ma DUM[U
6' [(-)]an-da-an x[
7' [-]za-an ka[-
8' [ ]x x nu-x[

Nummer 282 (136/v)

CTH: 832
Datierung: jh.
Anschlüsse: -
Duplikate: -
Bearbeitung: -

x+1 [-]za-kán ne-p[í-
2' [z]i-ik-pát EN[

Nummer 283 (138/v)

CTH: 832
Datierung: jh. (spät)
Anschlüsse: -
Duplikate: -
Bearbeitung: 7’ E. Neu, GS Kronasser, p. 143

x+1 [ ]x[
2’ [^{UZU}]NÍG.⸢GIG⸣ a[-]x[

3’ [ ]x[313]-AḪ ^{DINGIR}⸢UTU⸣$^{\textit{ŠI}}$ [

4’ [ ]x ^{DINGIR}UTU$^{\textit{ŠI}}$ TI-an [
5’ [ ] ti-i̯a-an-⸢na⸣-aš x[

6’ [ ]x-⸢ma-kán⸣ x x ^{GIŠ}TUKUL [
7’ [ ] an-da u̯a-tar-na-ḫu-u̯a-aš [

8’ [-]at-ti ^{DINGIR}x EGIR ma-ni-⸢in⸣-[ku-
9’ [ ] pa-a-u-u̯[a- ^{D}]^{INGIR}U ne GAM ⸢pí⸣-[

10’ [ ]x x x x-ḫu-i GAM [
11’ [ ]x ^{GIŠ}⸢ta-ḫa-an-ki⸣ [
12’ [-z]i I ⸢EZEN$_4$ x-⸢zi⸣ [

13’ [ ]x x x x[

Nummer 284 (149/v)

CTH: 832
Datierung: jh.
Anschlüsse: -
Duplikate: -
Bearbeitung: -

---

x+1 [ ]x ^{DINGIR}U-aš [

313 Zeichen A, E, oder I̯A.

2' [ ]x-tar e-eš-ḫar ⸢iš⸣-ḫ[a-aḫ-ru
3' [ ]x šu-um-ma-aš-ša k[a-
4' [ ]x x-zi nu EGIR-*ŠÚ*[
5' [ ] ⸢e-eš-ḫar⸣ *NI-ÌŠ* D[INGIR

Nummer 285 (158/v)

CTH: 832
Datierung: jh.
Anschlüsse: -
Duplikate: -
Bearbeitung: -

x+1 [ ]x x[
2' [z]i-ik-ma-aš-m[a-aš

3' [-m]a-an-ni-i̯a-x[
4' [-]u̯a-ar x[

5' [a-]pu-u-un URU-x[

Nummer 286 (159/v)

CTH: 832
Datierung: jh.
Anschlüsse: -
Duplikate: -
Bearbeitung: -

x+1 [ ]x-an-k[án
2' [ ]x-ša-nu-e-er [
3' [-]za-ma-an-ma [
4' [ ]x x {Ras.} x[

Nummer 287 (164/v)

CTH: 832
Datierung: jh.
Anschlüsse: -
Duplikate: -
Bearbeitung: -

x+1 [ ]x[
2’ [ ]x-mi-x[
3’ [^{URU}] ⸢Ne⸣-ri-⸢ik⸣ [
4’ [-u̯]a-ra-at-m[u
5’ [M]UNUS.LUGAL-ma-aš-u̯a [
6’ [k]i-nu-un-pát-u̯a-aš[-
7’ [*A-B*]*U-I̯A*-⸢u̯a an⸣-[
8’ [-]u̯a [
9’ [ ]-⸢mi⸣-[

Nummer 288 (167/v)

CTH: 832
Datierung: jh.
Anschlüsse: -
Duplikate: -
Bearbeitung: -

x+1 [ ]x x[314][
2’ [z]i-ik-m[a
3’ [ ]x *A-NA* ARAD^{M}[^{EŠ}
4’ [ku-u̯]a-pí DINGIR$^{\textit{LIM}}$-iš [
5’ [.]NE^{MEŠ} x x x[
6’ [ ]x(-)na-⸢at⸣-za im-m[a
7’ [ ]x x[ ]x-na-ma-aš-ši-aš šu-x[
8’ [ ]x ⸢nam⸣-ma-mu x x x[
9’ [-ḫ]u-un nu-ut-ta ^{m}I-⸢ta⸣-ri[-
10’ [-i̯]a-aš-u̯a-kán ku-it *A-*⸢*NA*⸣ [
11’ [ ]x-⸢aḫ⸣-ta nu-u̯a-mu-kán [
12’ [ ]x-⸢zi ma-a-an⸣ x[

Nummer 289 (168/v)

CTH: 832
Datierung: mh.
Anschlüsse: -
Duplikate: -
Bearbeitung: -

---

314 Die minimalen Zeichenreste aus Z. x+1, Füße dreier Senkrechter, der erste davon mit Abstand von den letzten beiden, sind in der Autographie versehentlich nicht getuscht worden.

Vs.

x+1 [ ]x x[
2' [t]e-eš-ḫi-i[t
3' [ku-]it-⸢ki pé-eš⸣-[
4' [ ]x-u̯a-ni ⸢*A*⸣-*NA* x x[
5' [*I*]*Š*-⸢*TU*⸣ ^{TÚG}x^{MEŠ} x[
6' [ ]x-ta na-⸢at⸣ *A-NA* x[
7' [ ]x-an-ma-at-⸢ta⸣ x[
8' [*I*]*Š-TU* NINDA KAŠ up-p[í-
9' [D]INGIR^{LIM} ši-⸢pa⸣-an-ta-an-z[i
10' [E]GIR-pa ti-an-zi *ŠA* [
11' [ ]x-ta na-aš ⸢*A*⸣-*NA* x[
12' [a]r-ḫa u̯a-ar-aš-⸢ki⸣-[

13' [ ]x-aš x x[
14' [ ]-⸢an⸣-[

Nummer 290 (180/v)

CTH: 832
Datierung: jh.
Anschlüsse: -
Duplikate: -
Bearbeitung: 11' N. Oettinger, Stammbildung, p. 129

x+1 [ ]x[
2' [-]ma-u̯a-am-mu[-
3' [ku-u̯a-]pí-ik-ki i-i̯[a-
4' [-m]u I-an-ki SAG.D[U
5' [ ]x-at ku-it nam-m[a

6' [ ]-⸢pí⸣-ma-mu GIM-an(-)x[
7' [-k]án kat-ta a-ú a-x[
8' [t]e-pu kat-ta a-ú i-x[
9' [ ]x-mu pa-a-i am-me-el-l[a

10' [ ] EGIR-an ti-i̯a-mi x[

11’ [ ] ⸢ú⸣-e-te nu-u̯a-⸢mu⸣ ḫal-ki-i[š

Nummer 291 (182/v)

CTH: 832
Datierung: jh.
Anschlüsse: -
Duplikate: -
Bearbeitung: -

x+1 [ ]x x[
2’ [ ]x-⸢an⸣ tu-e[-
3’ [ ]-⸢i⸣ ti-it-⸢ta⸣-[nu-
4’ [ ]x ma-a-an pí[-
5’ [Z]I-*KU-NU*-ma [
6’ [ ]x-x-šu-x[

7’ [ ]x[

Nummer 292 (184/v)

CTH: 832
Datierung: mh.[315]
Anschlüsse: -
Duplikate: -
Bearbeitung: -

x+1 [ ]x[
2’ [-]an-x[
3’ [-ḫ]a-a-⸢ša⸣-[

4’ [ ]-⸢e⸣-ri-x[
5’ [ḫ]a-pár-zi-x[
6’ [-i]n e-ku-z[i
7’ [ ] x[

8’ [ ] ḫal-za-i x[

315 S. Košak, Konkordanz 1.6, sub 184/v, datiert das Fragment ah.

9’ [ ]-⸢ú⸣-ga-x[
10’ [ ]x ḫal-za-i [

11’ [ ]x-re-eš-tu[-
12’ [ ]x-aš ḫal-ki-aš [
13’ [d]a-a-at-ti [(-)

14’ [ ]-⸢it⸣ da-a-at-ti-⸢in⸣ [
15’ [-i]n(-) ⸢ke-eš-šar-še⸣-et [
16’ [ ]x[ ]x[

Nummer 293 (200/v)

CTH: 832
Datierung: jh.
Anschlüsse: -
Duplikate: -
Bearbeitung: -

x+1 [ ]x x[ ]x
2’ [ ]x-uš [
3’ [ ]x-ra-ad-du-uš [
4’ [ ]x ZAG-za ku-i[t
5’ [n]a-at-za-ma-aš-ši [
6’ [ ]x-kán an-da x[
7’ [-]ma pé-ra-⸢an⸣ [
8’ [ ]x-an [
9’ [ ]x-eš-x x[

Nummer 294 (205/v)

CTH: 832
Datierung: mh. (?)
Anschlüsse: -
Duplikate: -
Bearbeitung: -

x+1 [ ]x-⸢zi⸣ [ ]x-⸢ta-an⸣-x[
2’ [-i]š-ki [

3’ [$^{U]RU}$A-li-la{Ras.}[316] uk-x[
4’ [ ]x-ti-aš-kán da-me-e-da-a[š
5’ [ ] -ri [ ]

6’ [ ]x-aš-⸢ḫa⸣-ni-i̯a nu ma-aḫ-ḫa-an [
7’ [ ] pa-ra-a ne-i̯a-⸢an⸣-[
8’ [-z]i *ŠA* DINGIR^{LIM} {Ras.} [
9’ [ ] -x[

Nummer 295 (208/v)

CTH: 832
Datierung: jh.
Anschlüsse: -
Duplikate: -
Bearbeitung: -

x+1 [*Š*]*A* MUNUS.L[UGAL
2’ [ ]x-za-ḫi-i̯a-aš$^{!}$-⸢kán⸣ [
3’ [-z]i I-aš ZAG-za [ ]
4’ [-]da I DUG.<KA.>GAG A [ ]
5’ [k]u-u̯a-pí [ ]
6’ [ ]x-an [ ]
7” [ ] [ ]

8” [ ]x *ŠA* ^{DINGIR}UTU x[
9” [ ]x-⸢e⸣-n[a-]x[
10” [ ]x x[

Nummer 296 (226/v)

CTH: 832
Datierung: mh. (?)
Anschlüsse: -
Duplikate: -
Bearbeitung: 2’-4’ H. Otten, ZA 71 (1981), p. 138/139 m.Anm. 8

---

316 Eradiert ist das Zeichen I̯A.

x+1 [-a]š ⌈kat⌉-t[a
2’ [ ] ⌈ar⌉-ga!-ma-x[
3’ [-a]z ú-uk-x[
4’ [ ] nu-u̯a-mu-kán [
5’ [ ]-⌈a⌉-u̯a le-e [
6’ [ ]x x-⌈un⌉ na-⌈an⌉ [

Nummer 297 (231/v)

CTH: 832
Datierung: jh.
Anschlüsse: -
Duplikate: -
Bearbeitung: -

---

x+1 [ḫa-]ad-du-la-an-n[i-it
2’ [t]u-u-ma-an-ti-i̯a-d[a[317]
3’ [ ] ⌈me⌉-mi-i̯a-ni-it[318] {Ras.} [

4’ [ ]x[

Nummer 298 (232/v)

CTH: 832
Datierung: jh.
Anschlüsse: -
Duplikate: -
Bearbeitung: x+1-2(’) C. Karasu, FS Dinçol, p. 378 Anm. 42

---

x+1 [URUK]a-ta-pí-x[
2’ [-a]š URUŠa-pí-n[u-u̯a
3’ [GIŠ DINGIR]INANNA *Ú-UL* [
4’ [ ]x x ⌈ša⌉-x[

---

317 Oder I[T!, vgl. [t]u-um-ma-a[n-t]i-i̯a-it Bo 4413 + Bo 69/315 [jetzt KBo 60.30] Vs.? I 6’ (J.L. Miller, ZA 98 (2008), p. 234, mit weiteren Belegen ebd., Anm. 51).

318 Die ganze Wortform über Rasur.

Nummer 299 (235/v)

CTH: 832
Datierung: jh.
Anschlüsse: -
Duplikate: -
Bearbeitung: -

x+1 [ ]x[
2' [ ] ⌜*A*⌝-*NA* ⌜EZEN$_4$⌝ [

3' [ ]x-aš-ši kiš-a[n
4' [ ]x-li ma-an-ni[-in-ku-
5' [ ]x-⌜aš⌝ *ME-E Q*[*A-TI*

Nummer 300 (241/v)

CTH: 832
Datierung: ?[319]
Anschlüsse: -
Duplikate: -
Bearbeitung: -

x+1 [N]INDA *MAR-ŠUM*
2' [ ]x -zi

3' [ ]x pí-an-⌜zi⌝

4' [ ]x-⌜iš⌝

Nummer 301 (242/v)

CTH: 832
Datierung: ?[320]
Anschlüsse: -
Duplikate: -
Bearbeitung: -

x+1 [ ] -d[u]

---

319 Signifikante Zeichenformen für eine Datierung liegen nicht vor.
320 Signifikante Zeichenformen für eine Datierung liegen nicht vor.

2' [ ]x ḫal-ki-in x[
3' [ ] nu-ut-ta ⌜ka⌝-a[-ša
4' [ ] nu-mu iš-ta-m[a-aš- (?)

5' [ ]x x-⌜du⌝ x[

Nummer 302 (246/v)

CTH: 832
Datierung: jh.
Anschlüsse: -
Duplikate: -
Bearbeitung: -

x+1 [ ]x-ták-⌜ša⌝-x[
2' [ ] ^{GIŠ}tu-u-ri x x[
3' [ ] ⌜*ŠUM*⌝-an ša-ra-a x x[
4' [-]ta *Ú-UL* ⌜da⌝-aḫ-⌜ḫi šu⌝ -[
5' [-p]í-iš *Ú-UL* ú-e-ši-i̯[a-
6' [ ]x kur-ga-aš-za GUN-an *Ú-UL* x[
7' [ ]x ⌜am⌝-mu-uk-ma-za ^{DINGIR}U-aš ^{URU}x[
8' [ ]x ⌜ú⌝-e-ú-i-i̯a-ra$^{?}$-aš UR.MAḪ-⌜ma⌝ [
9' [-i]t-mi-ta ⌜SAG$^{?}$.DU$^{?}$⌝-i ú-u̯a-an nu x[
10' [ ]x ⌜*Ú*⌝-*UL* ti-i̯a[-z]i ša-⌜ku⌝-mi-⌜it⌝ [
11' [ ]x-e-u-u̯a-an [(-)

12' [ ]-⌜pí⌝-ša-aš-mi-it-ta ⌜tu⌝-ga x-e-eš ta x[
13' [ ]x na-ša-pa ša-ra-a *Ú-UL* a-r[a-
14' [-]aš *Ú-UL* ḫu-iš-ú-e-eš-zi x x[
15' [la-]aḫ-la-aḫ-ḫi-ma-an-za Š[À]x x[
16' [la-a]ḫ-⌜la⌝-aḫ-ḫe-eš-zi t[u-
17' [-A]Ḫ-ḫi na-x x[
18' [ ]x x[

Nummer 303 (255/v)

CTH: 832
Datierung: ?[321]

---

321 Signifikante Zeichenformen fehlen.

Anschlüsse: -
Duplikate: -
Bearbeitung: -

___

x+1 [-]i̯a-⸢ta⸣-[

___

___

2' [-]i-mi ták-k[u
3' [ ] pa[-

___

4' [ ]x[

Nummer 304 (258/v)

CTH: 832
Datierung: jh.
Anschlüsse: -
Duplikate: -
Bearbeitung: -

x+1 [ ]-⸢an⸣ x[
2' [u]d-da-⸢a⸣-x[
3' [-]nu-u̯a-an-te-e[š
4' [ ]x-eš-ši-du DUMU [
5' [ ]x-aš-du-ma[-
6' [-t]i-it ⸢li⸣-[
7' [ ]x-te [
8' [ ]x[

Götternamen

Aa	198, 2’
AB	[132a, 3]
Ammamma	125 IV 17’[
AMAR.UTU	211 Vs. x+1
Amunki	[19, 14’]
Anzili	70 IV 60
Āpi	19, 14’[
Adamma	83 Rs. 3’[
Adunterri	19, 11’[
A-x[	266, 3’
DAMKINA	[72, 2’]. 198, 2’[
DINGIR.MAḪ	70 IV 59[.[60]. 72, 8’. 103 lk.Rd. 3. 150, 2’
	taknaš 17 III 4’
EA	3 IV 30’. [16, 14’]
GAL.ZU	154, 9’[
Ḫalki	130 r. 2’. 134 II 10’. 135, 4’[. 202, 7’
Ḫalmaššuit	130 r. 3’[
Ḫamanni	177, 4’[
Ḫantašša	117 III 39[
Ḫašammili	82 Vs. 2. 188, 5’[
Ḫaš[a-	161 r. 5’
Ḫašgala	126 I 12’[
Ḫepat	78, 5’[. [218, 7’]
Ḫilašši	[72, 3’]. 146, 3
ḫiššalanteš	198, 4’[
Ḫumunni	72, 8’[
Ḫurri	78, 6’
Ḫutellura	79 r. 3’[
Ḫutena	[79 r. 2’]. [218, 7’]
Ilaruu̯a	72, 3’[
IM	4, 7’’. 78, 4’. 117 III 32.[37]. 131 lk. 5’.
	132b Vs. 4’.4’. 135, 3’. 233, 8’
	URU Nerik 202, 4’[
	URU [173 r. 5’
IMIN.IMIN.BI	131 r. 5’.8’

Inarašmi	117 III 32.37[
irḫanteš	198, 4'[
Irpitiga	19, 12'[
Iškalli	[72, 2']
Ištamanašša	117 III 39[
Ištanzašša	117 III 38[
IŠTAR	73, x+1. 223 I 2.5[. 263, 6'. 269, 7'
Išduštaia̯	225 r. 3'[
Kattaḫḫa (Ḫattagga)	125 I 23.[25].[IV 14']. [126 I 9']. 127 Rs.lk. 9'[.10'[. 131 r. 3'[.6'[. 134 II 21'
Genuu̯ašša	[117 III 40]
Kiššarašša	117 III 40[
Kulitta	223 I 7
Gulšeš	72, 8'[. 81, 7'[
Gul$^{\text{ḪI.A}}$-eš	246, 3'[
Kumarbi	189, 8'
LAMMA	[17 II 2]. [125 IV 15']. 138, 4'. 143 Rs. 9'. 184 Rs. 2'. 209, 3'.5'[.[6']. 217 lk. 4'.9' ^{URU}Zapatišku̯a 139 Vs. 5'
Lelu̯ani	174 III 5'. 201, 4'[. 271, 6'
Le[l-	193 Rs. 3'
L[i-	165 Rs. 6'
Lullaia̯ma	121 Rs. x+1
Minki	[19, 13']
Napšara	19, 13'[
Nara	19, 13'
Ninatta	223 I 6
NISABA	^{URU}Ka-x[205, 4'
Papaia̯	185, 8'
Pitenḫi	72, 2'[
Šakuu̯ašša	117 III 38[
Šalau̯aneš	122 IV 7
Šanḫupi	125 IV 15'[
Šeri	74 Rs.r. 3'. 78, 6'[
Šulinkatte	122 IV 3.5[. 127 Rs.lk. 14'[.16'[
Tappinu	154, 8'
Dašimit	117 III 37

Telipinu [16, 13']. 122 IV 19.27.V 14'.23'.25'[. 123 II 6'[.IV 15'.26'.V [x+1.3'].6'.12'. 125 I 18[. [22].25[.IV 12'[.[13']. 126 I 9'[. [127 Rs.lk. 8']. 132b Vs. 8'[. 149 Vs. 3'[. 173 r. 6'[. 178 Vs. 2'[. 199 Rs. 4'[. 202, 3'[

Telipuni 122 IV 20[

U [3 IV 29'.37']. [17 II 2]. [54 lk. 2']. 106 IV 8'. 125 IV 13'.[16']. 131 lk. 6'.7'.10'. 132a, 2'. 134 II 9'.20'. 137, 2'. 139 Vs. 4'. [146, 7']. 165 Vs. 6'. 194, x+1. 215, 4'.9'. 246, 2'. 284, x+1. 302, 7'

- URU Atalḫazi(i̯a) 86, 3'. 122 V 7'
- URU *ḪATTI* 10, 2'
- URU Nerik 154, 6'
- URU x[154, 8'
- URU [105 Rs. 1. 122 IV 11
- piḫaššašši 281, 4'[
- Ú.SAL 154, 9'

UD.SIG$_5$ [72, 9']

U.GUR 179, 2'

Ummu 72, 6'

UTU 1 Rs.r. x+1. 10, 4'. 17 II 2. 30 Vs. 1.2. 31, 2'. 36 II 4.10.15. 57, 5'. 122 IV 2. [125 IV 16']. 127 Rs.lk. 13'. 134 II 20'. 139 Vs. 4'. 154, 8'. 156 II 9'. 165 Vs. 5'. 211 Rs. 4'. [243 r. 5']. 295, 8''

- URU Arinna 115, 2'[. 154, 5'. 183 Vs. 4[
- taknaš 166 Vs. 6'[
- *ŠAMÊ* 182, 3'

ZABABA 97 r. 4'. 130 r. 3'

Zaḫ(a)puna 150, [10'].10'[.20'[. 154, 9'[. 196, 3'[

Ziparu̯a [228 r. 2']

Zitḫarii̯a 138, 11'[. 226, 2'[

Zukki 70 IV 60[

Zulki [19, 12']

x[9 r. 4'. 123 II 5'. 161 r. 4'. 164 r. 4'. 173 r. 4'.7'. 215, 6'. 225 r. 2'. 265, 5'. 283, 8'

x x 173 r. 7'
[11, 5. 78, 7'. 123 IV 26'. 132b Vs. 7'. 161 r. 2'.6'. 185, 9'. 194, 2'. 211 Vs. 3'. 233, 7'. 267, 6'
-l]ii̯a talina 72, 7'
]x-u̯azši 117 III 41

Personennamen

fAmmā 36 II 4[.14. 50, 3'[.5'
fAmminai̯a 111 Vs. 6'
An[- 101 Vs. 2. 105 Rs. 6
fḪepattarakki [13 Vs. 1]
Ii̯a[- 262 r. 7'
Itari[- 288, 9'
fKattišḫapi 111 Vs. 5'
Ki[- 262 r. 3'
Nāza[- 262 r. 6'
Šapinuu̯aziti 105 Rs. 3[
Ullukummi 3 IV 29'
Urḫiteššub 99 III 56.58.60.63[
Ut(a)napišta 2, 5'[

Ortsnamen (und Ethnika)

A[- 278 Vs. x+1
Alila 294, 3'
Annii̯atta [240 II 8]
An[- 104 lk.Rd. 1
Arampa 85a II 16'[.16'[.19' [
Arinna 115, x+1[. 119 Rs. 2'[. 122 V 6'
siehe auch DINGIRUTU
Aššur 102, x+1. 106 I 1.IV 8'
Atalḫazi(i̯a) 122 V 8'. 123 V 21'
siehe auch DINGIRU
Ḫaitta 250 Vs. 1
Ḫakmiš 267, 8'[

Ḫaltara	85b, 10’.[11’.13’]
Ḫa(n)ḫana	122 IV 16. 123 [IV 11’].V 15’. 124 r. 4’. 125 I 16[.17.[IV 11]. 134 II 11’. 154, 3’
Ḫattena	154, 7’.11’[
ḪATTI	6 Rs. 34. 23, 2’. [69 IV 3’.5’]. 72, 5’[. 106 I 6.lk.Rd. 3. 237, 4’[
	siehe auch ^{DINGIR}U
Ḫ[a-	91, 3’
Ḫat[-	214, 4’
Ḫa-x	234, 4’
Ḫiu̯[a-	260, 2’
Ḫuu̯[a-	240 II 1
Ikkuu̯anii̯a	93, 5’.[10’]
Kašḫa	123 IV 10’.[17’.V 2’].4’[.[5’].10’
Katapa	298, x+1[
Ka-x[	siehe ^{DINGIR}NISABA
Lušapa	278 Vs. 3’
Lūšna	278 Vs. 4’
MIṢRI	7, 6’
Mukiš	13 Vs. 1[
Nerik	98 Rs. 2’. 287, 3’
	siehe auch ^{DINGIR}IM, ^{DINGIR}U
Ninuu̯a	142, 3’[
Palā	106 I 4
Pirundummei̯a	16, 17’[
Šaiu̯anta	85b, 13’.[14’]
Šanaḫḫuitta	93, 10’[
Šapinuu̯a	298, 2’[
Šārummišta	85a II 4’[.5’[.8’[
Šaššanda	85a II 19’.20’[.22’[
Šattina	[240 II 5]
Taḫurpa	89, 3’. 90, 6’[
Tāniškurii̯a	122 IV 17[.18[
Tapparuta	240 II 6[.8[
Tapuggašta	85a II 13’[.15’[
Tarḫuntašša	189, 5’
Tiu̯alii̯a	85b, 7’[.8’.10’[

Tuḫuppii̯a	241 Rs. 2’
Tummanna	106 I 3[
Durmitta	106 I 3
Dušḫapa	105 Rs. 2[
Uššša	278 Vs. 2’
U̯alinna	85a II 9’[.11’.12’[
U̯ii̯anuanda	85b, 5’[.7’[
Zapatiškuu̯a	siehe ^{DINGIR}LAMMA
Zikmuḫ	134 II 9’
Zuḫaruu̯a	13 Vs. 1
x[	32 Vs. 3’. 85b, 4’. 302, 7’
[	85a II 4’. 274, 4. 279, 3’
	siehe auch ^{DINGIR}IM, ^{DINGIR}U
]x-anta	85a II 23’
-]a	93, 5’
-]ḫatḫina (?)	122 IV 9
-]kapaparu̯a	139 Vs. 12’

Bergnamen

Katala	125 IV 12’[
Kunkumušša	164 r. 7’[

Gewässernamen

A.AB.BA	[72, 4’]
aldanna	[72, 6’]
IDIGNA	[72, 4’]
Kuu̯annanii̯a	82 Vs. 3
Māraššanta	72, 4’[
Muranta	72, 5’
Šuppiluliia	[72, 4’]
TÚL-mari	72, 4’

Konträrindex der Anschlußstücke, Duplikate sowie zur Ergänzung etc. herangezogenen Textstücke

ABoT 5 + KBo 17.9 + KBo 17.20 + KBo 20.5 + KBo 25.12 II 7’-8’	- Nr. 120
ABoT 2.24	- Nr. 14.15
ABoT 2.30	siehe KBo 10.45 +
ABoT 2.217	- Nr. 222
FHG 4	- Nr. 69
FHL 26 + KUB 7.44	- Nr. 20
HFAC 40	siehe KBo 60.116 +
HFAC 76	siehe KBo 58.82 (+)
HHT 73	siehe KUB 60.41 (+)
HT 12	siehe Bo 3971 +
IBoT 2.38	- Nr. 228
IBoT 2.43	siehe KBo 40.89 +
IBoT 2.76	siehe KBo 54.126 (+)
IBoT 2.119	siehe KUB 45.28 +
IBoT 2.128	- Nr. 18
IBoT 3.10, 2’-3’	- Nr. 211
IBoT 3.45	Anm. 230
IBoT 3.83	siehe KUB 17.20 +
IBoT 4.22	- Nr. 20
IBoT 4.33	siehe KUB 15.33a +
IBoT 4.38	siehe KUB 45.23 +
IBoT 4.79	- Nr. 147
IBoT 4.341	siehe KUB 53.12 +
IBoT 4.199	siehe KUB 2.15 +
KBo 2.6 + KUB 18.51 (+) KBo 51.116	- Nr. 100
KBo 3.47	siehe KUB 14.14 +
KBo 3.63	siehe KBo 60.116 +
KBo 3.64 + KUB 12.28 + Bo 3243 + Bo 3435	- Nr. 156
KBo 3.65	- Nr. 156
KBo 3.66	- Nr. 156
KBo 4.1 + KBo 58.17	- Nr. 16
KBo 4.9 II 13ff.	- Nr. 209
KBo 4.9 VI 14-15	Anm. 268
KBo 7.57	- Nr. 18
KBo 8.70	- Nr. 69
KBo 8.112	- Nr. 163
KBo 8.157	siehe KBo 27.161 +
KBo 9.93 (+), I 6’-9’	Anm. 94

KBo 9.102	- Nr. 69
KBo 10.37	- Nr. 17
KBo 10.45 + ABoT 2.30	- Nr. 18.19
KBo 13.121	- Nr. 17
KBo 13.126 (+) KBo 48.14	- Nr. 69
KBo 13.156	- Nr. 17
KBo 13.193	siehe KUB 45.28 +
KBo 14.130	siehe KBo 35.78 +
KBo 15.42	siehe KBo 40.89 +
KBo 17.9	siehe ABoT 5 +
KBo 17.20	siehe ABoT 5 +
KBo 17.32 + KBo 41.21	- Nr. 73
KBo 19.45 + KUB 19.4 + Bo 7744 + KUB 23.8	- Nr. 7
KBo 19.45 +, Vs. 11'	Anm. 18
KBo 19.135	- Nr. 54
KBo 20.5	siehe ABoT 5 +
KBo 21.1 + KBo 21.5	- Nr. 20
KBo 21.2	- Nr. 20
KBo 21.5	siehe KBo 21.1 +
KBo 21.23 IV 7-9	- Nr. 74
KBo 21.33 + KUB 32.49a + KBo 23.12 + KBo 24.66 + KUB 32.49b + KBo 35.77 I 18-27	- Nr. 75
KBo 21.69 + KBo 34.155 + KUB 34.124 + KBo 23.92 IV x+1ff.	Anm. 261
KBo 21.86	siehe KBo 25.186 (+)
KBo 22.6 IV 17'-19'	Anm. 1
KBo 22.111	siehe KBo 53.42 +
KBo 22.180	- Nr. 220
KBo 22.233	siehe KUB 45.28 +
KBo 22.242 + KBo 52.225b (+) 529/t (+) KBo 52.225a	- Nr. 96.240
KBo 22.264 (+) KUB 50.23	- Nr. 106
KBo 23.12	siehe KBo 21.33 +
KBo 23.42	siehe KBo 35.78 +
KBo 23.45	siehe KBo 35.78 +
KBo 23.64 + KBo 24.88	- Nr. 121
KBo 23.92	siehe KBo 21.69 +
KBo 24.66	siehe KBo 21.33 +
KBo 24.88	siehe KBo 23.64 +
KBo 25.12 +	siehe ABoT 5 +
KBo 25.79 (+) KUB 35.126 IV x+1ff.	- Nr. 216
KBo 25.186 (+) KUB 34.128 (+) KBo 38.31 (+) KBo 34.200 + KBo 34.191 (+) KBo 21.86 (+)	

KBo 30.146 (+) KBo 34.201	- Nr. 130
KBo 26.65 + KBo 26.118 + KUB 33.106 (+) KBo 26.96	- Nr. 3
KBo 26.67	- Nr. 3
KBo 26.68	- Nr. 3
KBo 26.69	siehe KUB 33.101 +
KBo 26.96	siehe KBo 26.65 +
KBo 26.118	siehe KBo 26.65 +
KBo 26.185 (+) KBo 54.127	- Nr. 122.123.124.125. 126.127
KBo 27.119	siehe KBo 35.78 +
KBo 27.139	siehe KBo 27.161 +
KBo 27.161 + KBo 27.139 + KBo 8.157 + KBo 35.91	- Nr. 218
KBo 29.209	siehe KBo 47.266 +
KBo 27.218	siehe KUB 47.1 (+)
KBo 27.219	siehe KUB 47.1 (+)
KBo 30.86 + KBo 30.87 (+) KBo 30.88 (+) KBo 34.217 (+) Bo 8086	- Nr. 130
KBo 30.87	siehe KBo 30.86 +
KBo 30.88	siehe KBo 30.86 +
KBo 30.146	siehe KBo 25.186 (+)
KBo 30.180	siehe KBo 47.266 +
KBo 32.197 Rs. 11	Anm. 169
KBo 33.83	siehe KBo 40.89 +
KBo 34.49	- Nr. 36
KBo 34.90	siehe KUB 34.73 (+)
KBo 34.155	siehe KBo 21.69 +
KBo 34.175	- Nr. 209
KBo 34.189	- Nr. 117
KBo 34.191	siehe KBo 25.186 (+)
KBo 34.200	siehe KBo 25.186 (+)
KBo 34.201	siehe KBo 25.186 (+)
KBo 35.76	siehe KBo 35.78 +
KBo 35.77	siehe KBo 21.33 +
KBo 35.78 (+) KBo 23.45 (+) KBo 35.79 + KBo 27.119 + KBo 35.76 + KBo 38.280 + KBo 23.42 (+) KBo 14.130 (+) KBo 35.86 I 1-3	- Nr. 230
KBo 35.79	siehe KBo 35.78 +
KBo 35.86	siehe KBo 35.78 +
KBo 35.91	siehe KBo 27.161 +
KBo 35.109	- Nr. 54
KBo 35.177	siehe KBo 40.89 +
KBo 35.207	siehe KBo 40.89 +

KBo 37.7	siehe KUB 9.33 +
KBo 38.31	siehe KBo 25.186 (+)
KBo 38.197	- Nr. 69
KBo 38.198	siehe KUB 34.73 (+)
KBo 38.280	siehe KBo 35.78 +
KBo 39.12	- Nr. 18
KBo 40.89 + KBo 15.42 + KBo 35.207 + KBo 33.83 (+)? IBoT 2.43 (+)? KBo 35.177	- Nr. 220
KBo 41.21	siehe KBo 17.32 +
KBo 43.217	siehe KBo 30.86 +
KBo 43.219	siehe KBo 47.266 +
KBo 44.79	- Nr. 76
KBo 45.194	- Nr. 18
KBo 46.10 (+) KBo 52.25	- Nr. 14.15
KBo 47.37	- Nr. 69
KBo 47.68	- Nr. 122.123.124.125. 126.127
KBo 47.241	- Nr. 117
KBo 47.266 + KUB 35.136 + KBo 30.180 + KBo 29.209 + KBo 43.219 I 5'-6'	Anm. 94
KBo 48.14	siehe KBo 13.126 (+)
KBo 48.43	- Nr. 17
KBo 48.89	siehe KUB 41.8 +
KBo 49.282 (+)? KUB 25.34	- Nr. 78
KBo 50.184	siehe KUB 14.14 +
KBo 51.19 + 970/v + KUB 23.3	- Nr. 6
KBo 51.20, 2'ff.	Anm. 21
KBo 51.36	- Nr. 17
KBo 51.37	- Nr. 17
KBo 51.38	- Nr. 18
KBo 51.39	- Nr. 18
KBo 51.93	siehe KUB 15.32 +
KBo 51.101	siehe KUB 45.28 +
KBo 51.116	siehe KBo 2.6 +
KBo 51.134	- Nr. 121
KBo 51.137	Anm. 202
KBo 51.140	siehe KUB 20.45 +
KBo 51.182	- Nr. 219
KBo 52.25	siehe KBo 46.10 (+)
KBo 52.82	siehe KUB 13.29 +
KBo 52.83	siehe KUB 15.32 +
KBo 52.101	siehe KUB 16.41 +

KBo 52.102 (+) KUB 18.32 (+) 1114/v + Bo 3396 - Nr. 113
KBo 52.118 - Nr. 122.123.124.125.126.127
KBo 52.119 - Nr. 122.123.124.125.126.127
KBo 52.121 siehe KUB 20.45 +
KBo 52.168 siehe KBo 54.123 (+)
KBo 52.179 - Nr. 209
KBo 52.199 - Nr. 150
KBo 52.225a siehe KBo 22.242 +
KBo 52.225b siehe KBo 22.242 +
KBo 53.35 - Nr. 20
KBo 53.42 (+) KBo 22.111 + KBo 60.28 - Nr. 20
KBo 53.45 + KUB 60.151 - Nr. 69
KBo 53.127 - Nr. 122.123.124.125.126.127
KBo 53.133 - Nr. 130
KBo 53.151 - Nr. 147
KBo 53.211 - Nr. 227
KBo 53.212 siehe KUB 55.60 +
KBo 53.303 siehe KUB 14.14 +
KBo 54.15 - Nr. 14
KBo 54.71 siehe KUB 17.20 +
KBo 54.72 siehe KUB 45.28 +
KBo 54.85a - Nr. 85b
KBo 54.85b - Nr. 85a
KBo 54.122 siehe KUB 53.12 +
KBo 54.123 (+) KUB 53.7 (+)? KBo 52.168 - Nr. 122.123.124.125.126.127
KBo 54.124 - Nr. 122.123.125.126.127
KBo 54.125 + KUB 51.1 (+) KUB 53.14 (+) Bo 3478 - Nr. 122.123.124.125.126.127
KBo 54.126 (+) KUB 9.3 (+) KUB 58.30 (+) KUB 53.5 (+) IBoT 2.76 - Nr. 122.123.124.125.126.127
KBo 54.127 siehe KBo 26.185 +
KBo 54.132a siehe KUB 20.45 +
KBo 54.132b siehe KUB 20.45 +
KBo 54.135 - Nr. 134
KBo 54.144 - Nr. 145
KBo 54.145 - Nr. 144

KBo 54.240	- Nr. 96
KBo 57.31	- Nr. 18
KBo 57.33	- Nr. 20
KBo 57.35	- Nr. 160
KBo 57.133 + KBo 58.85 + KUB 5.13 (+)? KUB 22.9	- Nr. 110
KBo 58.8	siehe KUB 14.14 +
KBo 58.14	siehe KUB 41.8 +
KBo 58.15	- Nr. 18.19
KBo 58.17	siehe KBo 4.1 +
KBo 58.55 (+) Bo 7802 + Bo 7803	- Nr. 69
KBo 58.57	siehe KUB 13.29 +
KBo 58.82 (+) KBo 58.83 (+) HFAC 76 (+) KUB 18.30 + KUB 22.3	- Nr. 105 m.Anm. 150
KBo 58.83	siehe KBo 58.82 (+)
KBo 58.85	siehe KBo 57.133 +
KBo 58.96	siehe KUB 22.29 (+)?
KBo 58.118	- Nr. 122.123.124.125. 126.127
KBo 58.129a (+) KBo 58.129b	- Nr. 122.123.124.125. 126.127
KBo 58.129b	siehe KBo 58.129a (+)
KBo 60.4 Rs. 5	Anm. 22
KBo 60.28	siehe KBo 53.42 (+)
KBo 60.30 + Bo 4413	- Nr. 36
KBo 60.80	siehe KUB 15.33a +
KBo 60.104	- Nr. 156
KBo 60.105	siehe KUB 53.12 +
KBo 60.116 + KBo 3.63 (+) HFAC 40	- Nr. 156
KBo 60.195	Anm. 188
KUB 2.2 + KUB 48.1	- Nr. 16
KUB 2.15 + IBoT 4.99 I 5'ff.	- Nr. 149
KUB 5.13	siehe KBo 57.133 +
KUB 7.41	- Nr. 18
KUB 7.44	siehe FHL 26 +
KUB 7.53 + KUB 12.58 III 36'ff.	- Nr. 35
KUB 8.27 (+) Bo 7787	- Nr. 100
KUB 9.3	siehe KBo 54.126 (+)
KUB 9.4	siehe KUB 55.20 +
KUB 9.24	siehe KUB 5560 +
KUB 9.33 + KBo 37.7	- Nr. 16
KUB 9.34 IV 9'-16'	- Nr. 229
KUB 10.17 II 14'ff.	Nr. 148

KUB 11.22 IV 12'-13' Anm. 239
KUB 12.20 + Bo 3916 - Nr. 20
KUB 12.28 siehe KBo 3.64 +
KUB 12.56 - Nr. 18
KUB 12.58 siehe KUB 7.53 +
KUB 13.29 + Bo 3444 + Bo 3616 (+) KBo 52.82 (+) KBo 58.57 (+) 787/z - Nr. 69
KUB 14.4 IV 28 Anm. 170
KUB 14.8 Vs. 21'ff. - Nr. 7
KUB 14.12 Rs. - Nr. 8 m.Anm. 21
KUB 14.13 I 1-2 Anm. 10
KUB 14.14 + KUB 19.1 + KUB 19.2 + KBo 3.47 + Bo 9433 + KBo 58.8 + KBo 50.184 + KBo 53.303 + Bo 4229 - Nr. 6
KUB 14.14 +, Rs. 48-51 Anm. 10
KUB 15.31 - Nr. 70
KUB 15.32 + Bo 4170 + KBo 51.93 + KBo 52.83 + 1321/u - Nr. 70
KUB 15.33a + KUB 15.33b + KUB 58.76 + KUB 15.38 + IBoT 4.33 + KBo 60.80 + Bo 4677 + Bo 8464 - Nr. 69
KUB 15.33b siehe KUB 15.33a +
KUB 15.34 + Bo 8027 - Nr. 69
KUB 15.38 siehe KUB 15.33a +
KUB 16.41 + KUB 50.6 + KBo 52.101 - Nr. 99
KUB 17.10 IV 1-3 Anm. 76
KUB 17.20 + Bo 3814 + Bo 3976 + KBo 54.71 (+) IBoT 3.83 - Nr. 71.72
KUB 18.30 siehe KBo 58.82 (+)
KUB 18.32 siehe KBo 52.102 (+)
KUB 18.42 - Nr. 111
KUB 18.51 siehe KBo 2.6 +
KUB 19.1 siehe KUB 14.14 +
KUB 19.2 siehe KUB 14.14 +
KUB 19.4 siehe KBo 19.45 +
KUB 20.39 II 3ff. Anm. 240
KUB 20.45 + Bo 6896 + KBo 45.140 + KBo 52.121 (+) KBo 54.132a (+) KBo 54.132b - Nr. 132a. 132b
KUB 22.3 siehe KBo 58.82 (+)
KUB 22.9 siehe KBo 57.133 +
KUB 22.29 (+)$^{?}$ KBo 58.96 - Nr. 106
KUB 23.3 siehe KBo 51.19 +
KUB 23.8 siehe KBo 19.45 +

KUB 24.14 - Nr. 13
KUB 24.15 (+) 613/v - Nr. 13
KUB 25.25 siehe KUB 55.60 +
KUB 25.34 siehe KBo 49.282 (+)?
KUB 25.35 - Nr. 117
KUB 27.28 + KUB 45.22 - Nr. 54
KUB 28.75 - Nr. 225
KUB 30.34 + KUB 60.75 - Nr. 14.15
KUB 30.35 + KUB 39.104 + Bo 8334 + Bo 4422 (+) KBo 54.14 - Nr. 14.15
KUB 32.49a siehe KBo 21.33 +
KUB 32.49b siehe KBo 21.33 +
KUB 33.101 + KBo 26.69 - Nr. 3
KUB 33.106 siehe KBo 26.65 +
KUB 33.107 + KUB 36.17 - Nr. 3
KUB 34.59 - Nr. 69
KUB 34.73 (+) KBo 34.90 + KBo 38.198 - Nr. 69
KUB 34.124 siehe KBo 21.69 +
KUB 34.128 siehe KBo 25.186 (+)
KUB 35.126 siehe KBo 25.79 (+)
KUB 35.135 (+), I 3'-6' Anm. 94
KUB 35.136 siehe KBo 47.266 +
KUB 36.15 - Nr. 3
KUB 36.17 siehe KUB 33.107 +
KUB 36.83 - Nr. 36
KUB 38.28 - Nr. 122.123.124.125. 126.127
KUB 39.97 siehe KUB 45.28 +
KUB 39.102 - Nr. 14.15 m.Anm. 28
KUB 39.103 - Nr. 14.15
KUB 39.104 siehe KUB 30.35 +
KUB 41.8 + KBo 58.14 + KBo 48.89 (+) Bo 8041 - Nr. 18
KUB 42.91 II 7 - Nr. 88
KUB 43.55 - Nr. 21
KUB 44.22, 10'ff. Anm. 240
KUB 45.22 siehe KUB 27.28 +
KUB 45.3 + KUB 47.43 - Nr. 219
KUB 45.23 + IBoT 4.38 - Nr. 54
KUB 45.28 + KUB 47.59 + KUB 39.97 (+) KUB 60.153 (+) IBoT 2.119 (+) KBo 13.193 (+) KBo 51.101 (+) 1516/u (+) 270/w (+) KBo 22.233 (+) KBo 54.72 - Nr. 71.72
KUB 47.1 (+) KBo 27.219 (+) KBo 27.218 IV 8''-10'' - Nr. 235

KUB 47.43 siehe KUB 45.3 +
KUB 47.59 siehe KUB 45.28 +
KUB 47.66 - Nr. 223
KUB 47.67 - Nr. 223
KUB 48.1 siehe KUB 2.2 +
KUB 48.8 - Nr. 227
KUB 50.6 siehe KUB 16.41 +
KUB 50.23 siehe KBo 22.264 (+)
KUB 51.1 siehe KBo 54.125 +
KUB 53.1 - Nr. 122.123.124.125.126.127
KUB 53.2 siehe KUB 53.12 +
KUB 53.3 - Nr. 122.123.124.125.126.127
KUB 53.4 - Nr. 122.123.124.125.126.127
KUB 53.5 siehe KBo 54.126 (+)
KUB 53.6 siehe KUB 53.12 +
KUB 53.7 siehe KBo 54.123 +
KUB 53.8 - Nr. 122.123.124.125.126.127
KUB 53.12 + KUB 53.6 + IBoT 4.341 + KBo 54.122 (+) KUB 53.2 (+)? KBo 60.105 - Nr. 122.123.124.125.126.127
KUB 53.14 siehe KBo 54.125 +
KUB 53.17 + KUB 58.5 - Nr. 134.135
KUB 53.23 Vs. 3'ff. - Nr. 149
KUB 53.27 - Nr. 16
KUB 54.50 siehe KUB 60.41 (+)
KUB 55.20 + KUB 9.4 + Bo 7125 + Bo 8057 IV 5'-14' - Nr. 229
KUB 55.39 - Nr. 117
KUB 55.45 + Bo 69/142 + 949/v + Bo 4471 - Nr. 20
KUB 55.60 + KUB 25.25 + KUB 58.31 + KUB 59.32 + Bo 3315 + Bo 3332 + 1054/u (+) KBo 53.212 (+) KUB 9.24 - Nr. 150
KUB 56.54 - Nr. 150
KUB 58.3 - Nr. 147
KUB 58.5 siehe KUB 53.17 +
KUB 58.30 siehe KBo 54.126 (+)
KUB 58.31 siehe KUB 55.60 +
KUB 58.76 siehe KUB 15.33a +
KUB 58.84 - Nr. 122.123.124.125.

	126.127
KUB 59.32	siehe KUB 55.60 +
KUB 59.51	- Nr. 16
KUB 60.41 (+) KUB 54.50 (+) Bo 4958 (+) HHT 73 (+) Bo 7937	- Nr. 134.135
KUB 60.75	siehe KUB 30.34 +
KUB 60.151	siehe KBo 53.45 +
KUB 60.153	siehe KUB 45.28 +
VBoT 86	- Nr. 36
VS NF 12.43	- Nr. 209
Bo 3243	siehe KBo 3.64 +
Bo 3315	siehe KUB 55.60 +
Bo 3328	- Nr. 163
Bo 3332	siehe KUB 55.60 +
Bo 3377	- Nr. 16
Bo 3381	- Nr. 20
Bo 3396	siehe KBo 52.102 (+)
Bo 3435	siehe KBo 3.64 +
Bo 3444	siehe KUB 13.29 +
Bo 3446	- Nr. 122.123.124.125. 126.127
Bo 3451 + Bo 3899	- Nr. 131
Bo 3478	siehe KBo 54.125 +
Bo 3616	siehe KUB 13.29 +
Bo 3814	siehe KUB 17.20 +
Bo 3899	siehe Bo 3451 +
Bo 3916	siehe KUB 12.20 +
Bo 3971 + HT 12	- Nr. 22
Bo 3976	siehe KUB 17.20 +
Bo 4170	siehe KUB 15.32 +
Bo 4229	siehe KUB 14.14 +
Bo 4257	- Nr. 16
Bo 4275	- Nr. 17
Bo 4413	siehe KBo 60.30 +
Bo 4422	siehe KUB 30.35 +
Bo 4471	siehe KUB 55.45 +
Bo 4677	siehe KUB 15.33a +
Bo 4690	- Nr. 14.15
Bo 4958	siehe KUB 60.41 (+)
Bo 6044	- Nr. 117
Bo 6896	siehe KUB 20.45 +
Bo 7125	siehe KUB 55.20 +

Bo 7253	siehe Bo 69/792 +
Bo 7744	siehe KBo 19.45 +
Bo 7787	siehe KUB 8.27 (+)
Bo 7802	siehe KBo 58.55 (+)
Bo 7803	siehe KBo 58.55 (+)
Bo 7937	siehe KUB 60.41 (+)
Bo 8027	siehe KUB 15.34 +
Bo 8038	- Nr. 18
Bo 8041	siehe KUB 41.8 +
Bo 8057	siehe KUB 55.20 +
Bo 8086	siehe KBo 30.86 +
Bo 8334	siehe KUB 30.35 +
Bo 8464	siehe KUB 15.33a +
Bo 9433	siehe KUB 14.14 +
2076/g	- Nr. 224
529/t	siehe KBo 22.242 +
507/u	- Nr. 14.15 m.Anm. 28
1054/u	siehe KUB 55.60 +
1321/u	siehe KUB 15.32 +
1516/u	siehe KUB 45.28 +
613/v	siehe KUB 24.15 (+)
949/v	siehe KUB 55.45 +
970/v	siehe KBo 51.19 +
1114/v	siehe KBo 52.102 (+)
270/w	siehe KUB 45.28 +
424/z	- Nr. 17
787/z	siehe KUB 13.289 +
795/z (+) 806/z	- Nr. 240
806/z	siehe 795/z (+)
1270/z	- Nr. 21
Bo 69/142	siehe KUB 55.45 +
Bo 69/721	- Nr. 20
Bo 69/792 + Bo 7253	- Nr. 122.123.124.125. 126.127
Bo 69/839	- Nr. 20
Bo 69/881	- Nr. 122.123.124.125. 126.127
Bo 84/1	- Nr. 96.240
Privat 9	- Nr. 122.123.124.125. 126.127
Privat 22	Anm. 259